W0075053

ullstein

KEFF VIDALA

DIE 6 RÄUME DES LEBENS

Ullstein

Besuchen Sie uns im Internet:
www.ullstein.de

Wir verpflichten uns zu Nachhaltigkeit
- Klimaneutrales Produkt
- Papiere aus nachhaltiger Waldwirtschaft
- ullstein.de/nachhaltigkeit

Wichtiger Hinweis

Die Ratschläge in diesem Buch sind vom Autor und dem Verlag sorgfältig erwogen und geprüft. Sie bieten jedoch keinen Ersatz für kompetenten medizinischen Rat oder psychologische Hilfe. Jeder Leser ist für sein eigenes Handeln selbst verantwortlich. Alle Angaben in diesem Buch erfolgen daher ohne jegliche Gewährleistung oder Garantie seitens des Verlages. Eine Haftung des Autors bzw. des Verlages und seiner Beauftragten für Personen-, Sach- und Vermögensschäden ist ausgeschlossen. Zum Schutz von Personen wurden Namen verändert und Handlungen, Ereignisse und Situationen abgewandelt.

Hinweis des Autors

Gerne kannst du meine Briefe oder Gedichte online posten. Bitte vergiss aber nicht, meinen Namen anzugeben oder mich zu verlinken. Auf diese Weise wird mein Urheberrecht gewahrt.

MIX
Papier
FSC FSC® C083411

Originalausgabe im Ullstein Taschenbuch
1. Auflage Juli 2021
© Ullstein Buchverlage GmbH, Berlin 2021
Umschlaggestaltung: zero-media.net, München
Titelabbildung: © Timo Hecht
Illustrationen im Innenteil: shutterstock
Satz: LVD GmbH, Berlin
Gesetzt aus der Minion Pro
Druck und Bindearbeiten: CPI books GmbH, Leck
ISBN 978-3-548-06210-5

DIE RÄUME

VORWORT

Es ist schön, dass du dieses Buch geöffnet hast. Willkommen bei »6 Räume des Lebens«.

Freue dich nicht zu früh, ich wollte nur ein bisschen reinschnuppern. Aber was meinst du genau mit »6 Räume des Lebens«, was soll das Ganze bedeuten?

Mein neuer Ratgeber – diesmal zum Thema »Persönlichkeitsentwicklung«.

Es ist komisch, das zu schreiben.

Warum ich das erwähne? Na ja, vor langer Zeit zog ich mit fünf Euro auf meinem Girokonto und 15 670 Euro Schulden bei Telefonanbietern, Behörden und Versandhäusern im Gepäck von Essen nach Stuttgart; in der Brust ein gebrochenes Herz – wegen der Liebe. Dazu kam noch, dass ich keine abgeschlossene Ausbildung oder, wie mein Vater gerne sagte, »nichts gelernt« hatte. In Stuttgart angekommen, schlief ich für 125 Euro im Monat auf der Couch eines Kollegen – in einer Einzimmerwohnung. Damals schlug jeder meiner Versuche, mich aus dieser Misere zu befreien, fehl. All meine Träume und Wünsche blieben unerfüllt, weshalb es mir so schien, als käme ich nie mehr aus diesem Schulden- und Versagenskreis heraus. Negative Gedanken und Gefühle verfolgten mich wie schwarze

Raben. Ich trug kaum noch Glauben und Hoffnung in mir, war frustriert über mein Aussehen, vor allem aber sehr unzufrieden mit meinem Leben. Denn mit dem, was ich tat, stand ich weit davon entfernt, erfolgreich und finanziell unabhängig zu sein.

Okay, das verstehe ich. Aber was macht dich nun so besonders, dass du glaubst, Menschen mit diesem Ratgeber zu einem besseren Leben und einer stärkeren Persönlichkeit verhelfen zu können? Wieso sollte gerade diese Lektüre sich von der Vielzahl an veröffentlichten Büchern von zahlreichen Motivationssprechern, Lebenscoaches und selbst ernannten Experten abheben?

Diese Frage ist durchaus berechtigt, denn wie ich in »5 Räume«, meinem Ratgeber zur Bewältigung von Herzschmerz und Liebeskummer, bereits erklärt habe, bin ich weder Psychologe, noch habe ich in diese Richtung studiert. Allerdings bin ich im Gegensatz zu vielen dieser Menschen durch die Hölle gegangen. Schon zum Zeitpunkt meiner Geburt war mein Schicksal, wenn man so will, besiegelt. Ich bin in Kinshasa (Djili) in der Demokratischen Republik Kongo geboren. Meine Mutter brachte mich im Alter von 17 Jahren in einem der dreckigsten und übelsten Slums im ganzen Land zur Welt. Die Kindersterblichkeitsrate in der Demokratischen Republik Kongo ist mit 19 Prozent extrem hoch, und die Lebenserwartung von durchschnittlich 48 bis 50 Jahren ist eine der niedrigsten weltweit.[1]

Hunger und Tod verfolgten mich. Wegen einer Herzkrankheit holte mich mein Vater, der damals alleine nach Europa geflohen war, nach Deutschland, um mir ärztliche Hilfe zukommen zu lassen. Zwar brauchte ich nun nicht mehr zu hungern, was in Afrika Reichtum bedeutet, aber für europäische Verhältnisse war ich wieder arm. Ich schlief mit meiner Schwester, meinem Vater und meiner Stiefmutter in einer Einzimmerwohnung. Meine Eltern konnten mir nichts über das Leben beibringen, weil sie vollauf damit beschäftigt waren, unsere Mägen zu füllen und unseren kleinen Wünschen an den Weihnachts- und Geburtstagen zu entsprechen. Die Schule stempelte mich frühzeitig als hoffnungslosen Fall ab, da meine Noten sich immer zwischen 4 und 5 bewegten. Letztendlich sollte ich sogar auf die Sonderschule, wohin all die Kinder geschickt wurden, die nicht ins System passten.

In meiner Jugend kämpfte ich andauernd um Aufmerksamkeit und auch schon mit Schulden und Depressionen. Ich hatte keinen Mentor, niemanden, der mich aus dem Dreck ziehen konnte. Als auch noch eine geliebte Freundin ermordet wurde und eine weitere aufgrund einer schweren Krankheit verstarb, sank ich tiefer und tiefer in die Dunkelheit hinab. Meine Flucht aus Essen entsprach einem Schrei nach Hoffnung, Liebe und Erfolg in meinem Leben. Aber all das blieb mir dort verwehrt.

~

Dunkle Nacht. Ich lag im Regen auf der Straße, angeschossen vom Leben. Ich war am Verbluten und der Ohnmacht nahe, rang nach Luft – und dann riss ich mich mit aller Kraft nach oben.

~

Ich wollte meine Existenz nicht wegschmeißen und einfach aufgeben, also stellte ich mich meinen Problemen, meiner Angst und dem Glauben, nichts wert zu sein. Entschlossen stoppte ich die Blutung. Humpelnd fing ich an zu laufen, zielsicher in Richtung eines neuen Lebens, neuer Stärke, neuen Wissens und vor allem eines belastbareren Glaubens, der sowohl aus religiösen Überzeugungen als auch einem stärkeren Vertrauen in mich selbst bestand.

~

Allmählich hörte es auf zu regnen, die ersten Sonnenstrahlen durchdrangen die Morgenluft und erwärmten die kalte Atmosphäre. Alles um mich herum fing an zu blühen. Die Welt, die mir so grau erschien, gewann an Farbe. Doch dann entzündete sich die Wunde des Lebens.

Ich war unaufmerksam, habe mich zu sehr
auf meinem Erfolg ausgeruht.
Letztendlich aber machte es mich stärker.
Ich überwand auch diesen harten Schlag,
diesen unsagbaren Schmerz,
und ein neues Leben begann.

∾

Das hast du sehr poetisch und schön erklärt. Aber nun zu den Fakten: Was hat sich wirklich geändert? Wie ist dein Leben jetzt?

Okay, dann werde ich deutlich. Vor fünf Jahren zog ich mit einer Menge Schulden und ohne Abschluss für einen Neuanfang nach Stuttgart. Heute bin ich SPIEGEL- und Amazon-Bestsellerautor, veröffentliche Liebesromane, poetische Bücher und Ratgeber, habe eine Podcast-Label-Produktionsfirma gegründet und in Immobilien sowie Aktien investiert. Durch die Verwirklichung meiner Visionen und Träume habe ich in den letzten fünf Jahren allein mit meinen Büchern einen Umsatz von über 600 000 Euro generiert. Dadurch befreite ich mich nicht nur von den Schulden, sondern erwarb auch meine finanzielle Unabhängigkeit. Ich kündigte meinen Job und begann, viel zu lesen, wodurch ich mutiger, intelligenter und zielstrebiger wurde. Außerdem legte ich all meine negativen Gedanken ab.

Und weißt du was? All das zu erreichen war kein schwerer Weg. Tatsächlich war es sogar sehr einfach – so einfach, dass ich mich heute darüber ärgere, nicht schon früher damit begonnen zu haben, dieses »Geheimnis der 6 Räume« zu entschlüsseln.

Das klingt auf jeden Fall beeindruckend. Aber warum willst du dieses »Geheimnis der 6 Räume«, das dich so erfolgreich gemacht hat, preisgeben? Was nützt dir das?

Weil ich glaube, dass der Kuchen groß genug für uns alle ist. Ich bin davon überzeugt, dass jeder das Recht hat, glücklich zu werden, das Leben zu entdecken und zu genießen. Keiner sollte sich wertlos fühlen. Keiner sollte sich darum sorgen müssen, die Miete nicht rechtzeitig zahlen zu können. Und keiner sollte ein Leben lang an schmerzlichen Schicksalsschlägen leiden. Ich hätte mir damals gewünscht, ein solches Buch, wie ich es hier geschrieben habe, zu lesen. Es hätte mir Licht in dunklen Zeiten gespendet und so manche Träne viel früher trocknen können. Deshalb bin ich bereit, dieses Geheimnis offenzulegen.

Zur besseren Veranschaulichung entwickelte ich ein System – das sogenannte System der Räume. In meinem Ratgeber »5 Räume« habe ich erfolgreich das Rätsel um die Überwindung von Liebeskummer oder Herzschmerzen durch Trennung oder Verlust gelüftet und habe mit meinem Raumkonzept Tausenden von gebrochenen Herzen zur Genesung verholfen. In diesem Buch gehe ich einen Schritt weiter und erkläre dir, wie du es schaffst, dich von all dem Schlechten in deinem Leben zu lösen, eine starke Persönlichkeit aufzubauen und ein erfolgreiches Leben zu führen.

Was soll ich mir unter den »6 Räumen« vorstellen? Wie sollten Räume mein Leben verändern können? Das erscheint mir seltsam.

Als Kleinkinder genossen wir alle das Leben in vollen Zügen. Es war damals egal, ob wir in Armut oder in Reichtum zur Welt kamen. Ich habe Kinder auf meiner Afrikareise beobachtet, die in tiefer Armut lebten, aber lachten, spielten und ganz offensichtlich pure Freude am Leben empfanden.

Doch je älter wir werden, umso mehr beraubt man uns unseres positiven Blickes auf die Welt. Man zwängt uns in ein SYSTEM, das viele von uns krank macht und innerlich zerfrisst. Eltern erzählen uns Sätze wie: »Nur wenn du gut in der Schule bist und einen guten Abschluss erwirbst, hast du eine Chance auf ein unbeschwertes Leben. Dann kannst du dir ein schönes Haus und einen Wagen finanzieren und genießt ein höheres Ansehen in der Gesellschaft.« Je besser der Abschluss, desto besser stehen die Chancen für eine finanzielle Sicherheit.

Was bei den Eltern begann, setzt sich in den Schulen fort. Die Schule bereitet dich weder darauf vor, deine Träume und Visionen zu verwirklichen, noch darauf, selbstständig zu werden, und sie vermittelt dir auch kein Wissen über finanzielle Unabhängigkeit. Stattdessen bildet sie uns zu braven Steuerzahlern aus. Gehe gehorsam zur Schule, versuche gute Noten zu schreiben, sei danach ein braver Angestellter und mache andere Menschen noch reicher, als sie ohnehin schon sind. Wenn du dir dies oder das nicht leisten kannst, weil dein verdientes Geld dafür nicht ausreicht, nimm dir einfach einen Kredit und finanziere so dein Haus, deine Wohnung, dein Auto, dein Fernsehen – finanziere einfach alles, was du dir nicht leisten kannst. Und wenn du irgendwann alt und schwach bist, kümmert sich der Staat um deine Pflege, deine Rente ist sicher.

Aber ich frage dich – und sei ehrlich zu mir: Sieht die Realität wirklich so rosig aus? Bist du wirklich frei im Leben und in all deinen Entscheidungen?

Na ja, so einfach kannst du das nicht sagen, Keff. Wenn ich einen Job habe, der mir sehr gut gefällt, dann bin ich glücklich. Ich entscheide ja schließlich darüber, welchen Beruf ich erlernen und ausüben möchte, und sollte ich irgendwann mit meiner Wahl unzufrieden sein, kündige ich einfach.

Nun, was würde passieren, wenn du deinen Traumjob ausübst und dein Arbeitgeber dir mitteilen würde, er könne dir keinen Lohn mehr zahlen, weil die Firma finanzielle Probleme hätte? Würdest du umsonst arbeiten? Wahrscheinlich nicht, oder? Das beste Beispiel ist doch der Corona-Virus, oder? Abhängigkeit von etwas kann dein ganzes Leben ruinieren und dich in eine finanzielle Notlage bringen.

Mit deinem Gehalt zahlst du deine Miete, deine Versicherungen, deinen Telefonanschluss und die Handyrechnung, deine Kleidung, den Urlaub und die Restaurantbesuche. Solltest du kein Gehalt mehr bekommen, würde dies also bedeuten, dass du früher oder später kündigen und einen neuen Job annehmen müssest, der es dir ermöglicht, weiterhin all deine Rechnungen zu bezahlen. Aber stell dir vor, du könntest deinen Traumjob ausüben und finanziell so abgesichert sein, dass du dir weder jetzt noch in Zukunft Sorgen ums Geld machen müsstest. Auch bei einer Krise wie der vom Corona-Virus ausgelösten. Das sind die Dinge, die uns unsere Eltern und die Schule nicht beigebracht haben.

Damit keine Zweifel in uns aufkeimen, begann das System, uns abzulenken. Unterhaltungsshows befreien uns von den schlechten Gefühlen nach der harten Arbeit. Soziale Netzwerke ermutigen uns, Träume von anderen Menschen zu träumen, jedoch nicht unsere eigenen. Nachrichten über Terror, Kriege und Finanzkrisen lassen uns unsere innersten Probleme vergessen. Die Gesellschaft fängt an, anderen Leuten die Schuld an ihrem eigenen Elend und dem verspürten Frust zu geben. Statt die Probleme zu bekämpfen, die wir selbst im Inneren tragen, bekämpfen wir uns gegenseitig. Man formt uns zu Menschen, die Angst davor haben, gekündigt zu werden, in finanzielle Probleme geraten, Kredite nehmen und Schulden aufbauen.

Aber ich werde dir das Geheimnis verraten, wie du mit ein paar einfachen Tricks aus diesem Hamsterrad entkommen kannst. Was sagst du dazu, wenn ich behaupte, dass ein negativer Schufa-Eintrag oder einmal im Leben richtig pleite zu sein, das Beste ist, was dir auf dem Weg nach oben passieren kann?

Früher redete ich mir oft ein, dass mein erfolgloses Leben wohl darauf beruhen musste, dass ich dumm bin, keine Ausbildung gemacht und auch nicht studiert habe. Aber heute weiß ich, dass es an ganz anderen Faktoren lag. Ich werde dir verraten, wie ich es geschafft habe, finanziell unabhängig zu werden und mir ein erfolgreiches und glückliches Leben aufzubauen. Und ich bin bereit, das Geheimnis der »6 Räume« mit dir zu teilen, damit auch du aus diesem Teufelskreis ausbrechen und endlich das Leben führen kannst, das du dir wünschst.

Was für eine Person bist du?

Bevor ich dir die einzelnen Räume erkläre, möchte ich gerne wissen, was für eine Person du bist und in welchem Lebensabschnitt du dich gerade befindest. Wähle dazu bitte aus den nachfolgenden Personenbeschreibungen diejenige aus, die aktuell am besten auf dich zutrifft:

Person A

Ich will keine Angst vor der Zukunft haben und mich nicht darum sorgen müssen, ob ich meine Rente noch bekommen werde. Ich will mich nicht auf den Staat verlassen, sondern möchte mich selbstständig um meine Zukunft kümmern. Zudem kann ich mir nicht vorstellen, 40 Jahre lang bis zur Rente denselben Job auszuüben, ohne die Welt je richtig kennengelernt zu haben. Ich möchte meine eigenen Träume verwirklichen und meinen eigenen Weg gehen, sei es im Sport, in der Musik, als Fotograf, als Model oder in Form eines eigenen Ladens, den ich eröffnen möchte. Und vor allem möchte ich eins: finanzielle Unabhängigkeit.

Person B

Ich liebe meinen Beruf und möchte ihn nicht aufgeben, aber irgendetwas fehlt mir im Leben. Ich möchte meine Angst und meine negativen Gedanken loswerden und innerlich wie äußerlich positiver eingestellt sein. Ich möchte mir neben meinem Beruf etwas Kleines aufbauen, vielleicht einen Online-Shop oder eine Dienstleistung anbieten. Ich möchte Sicherheit für schlechte Zeiten haben, stärker und mutiger werden sowie eine gewisse Unabhängigkeit gegenüber meinem Arbeitgeber entwickeln.

Person C

Ich habe hohe Schulden, die mir über den Kopf wachsen, weil ich meine Finanzen nicht im Griff habe, und negative Schufa-Einträge, weshalb ich nichts mehr bekomme. Meine Miete kann ich kaum noch bezahlen. Ich habe zwar Ideen und Visionen, weiß aber nicht, wie ich sie realisieren kann. Ich verliere schnell die Motivation und den Mut, weil ich Angst davor habe, den entscheidenden Schritt zu machen und vielleicht zu scheitern. Oft habe ich das Gefühl, dass alles, was ich tue, schiefgeht. Ich möchte endlich stärker werden und meine Schulden abbauen, ein neues, besseres Leben beginnen. Mich würde interessieren, wie die erfolgreichen Leute es geschafft haben.

Person D

Ich bin noch jung und befinde mich gerade in der Schul- oder Berufsausbildung oder im Studium. Aber ich möchte für das Leben gewappnet sein und Fehler vermeiden, die andere gemacht haben. Ich möchte etwas aus den Erfahrungen anderer mitnehmen, Kraft und Mut daraus schöpfen und somit den richtigen Grundstein für ein besseres Leben mit Platz für Träume und Visionen legen.

Person E

Ich bin aktuell sowohl mit meinem Job als auch mit meinem Leben zufrieden, habe keine Schulden und befinde mich nicht in einer Krise. Allerdings möchte ich mein Wissen erweitern, ein schönes Buch genießen und in eventuellen Krisenzeiten vorbereitet sein. Vielleicht möchte ich dieses Buch auch jemandem schenken, der sich in einer dieser Personenbeschreibungen wiedererkennt, und ihr oder ihm damit Kraft und Hoffnung geben.

Wenn du dich mit einer dieser Personen identifizieren kannst oder ein bisschen von allem auf dich zutrifft, dann bist du bereit, das Verborgene zu sehen. Tatsächlich bist du, da du bereits bis hierhin gelesen hast, dem ersten Geheimnis schon sehr nahegekommen. Keine Sorge, dieses Rätsel werde ich frühzeitig lüften.

Denke daran, ich begleite dich auf diesem Weg, aber die Hindernisse und Stufen wirst du allein bewältigen müssen. Und du wirst es schaffen. Du wirst dir selbst die Fähigkeit verleihen, mit negativen Gedanken und Gefühlen umzugehen, Träume und Visionen wahr werden zu lassen. Außerdem wirst du lernen, wie du deinen Glauben stärkst und finanzielle Unabhängigkeit generierst, deine Selbstliebe und deine Selbstachtung zurückbekommst und darüber hinaus mit schweren Schicksalsschlägen wie beispielsweise Krankheit oder Tod umgehen kannst, ohne daran zu zerbrechen.

Wenn du aktuell sehr stark leidest, habe bitte keine Angst, ärztliche Hilfe einzuholen. Dies sind die Fälle, in denen ein Arzt oder ein Psychologe dir zur Seite stehen sollte:

- Wenn du Selbstmordgedanken hast.
- Wenn du so am Ende bist, dass du dauerhaft vom Arzt krankgeschrieben bist.
- Wenn du absolut niemanden hast, mit dem du über deine Probleme reden kannst, einsam und allein bist.

Alles, worüber ich schreibe, sind Erfahrungen aus meinem Leben. Es sind Ideen, Inspirationen und Recherchen auf meinem Weg nach oben.

Wir sind alle einzigartig. Es könnte sicherlich sein, dass meine Methode und die Art meines Schreibens dir gar nicht gefallen, du sogar bis hierhin gelesen hast und definitiv nicht weiterlesen wirst. Und das ist völlig okay. Es ist unmöglich, dass jeder Mensch auf dieser Welt von meinem Buch geheilt wird. Vielleicht ist dieses Konzept einfach nichts für dich. Ich würde dich trotzdem bitten, dieses Buch nicht verstauben zu lassen. Schenke es jemandem, der gerade eine schwere Zeit durchlebt, denn vielleicht werden diese Räume dieser Person mehr helfen als dir.

Und nun öffne das nächste Kapitel, und beginne deine Reise in ein neues Leben!

DIE SECHS RÄUME

Du wirst in diesem Buch sechs Räume betreten. Diese sechs Räume symbolisieren jeweils die Phase, in der du dich gerade befindest.

Von einigen dieser Räume aus wirst du schnell zum nächsten Bereich kommen. In anderen wiederum wirst du länger verweilen, je nachdem, wie stark du dich mit dem Raum identifizieren kannst.

VOR DEM RAUM

Du stehst jetzt vor der Tür des ersten Raumes.

Wir werden ab heute gemeinsam eine spannende Reise beginnen.

Warum hast du dich entschieden, als Erstes den Raum »Glaube und Gott« mit mir zu betreten, Keff?

Weil der Glaube an dich selbst, an deine Wünsche und Träume maßgebend ist, um die anderen Räume erfolgreich zu betreten und zu verlassen.

Mach dir keine Sorgen, du musst nicht zwingend einer Religion angehören oder gläubig sein, um diesen Bereich mit mir kennenzulernen. Deshalb heißt der Raum nicht »Glaube an Gott«, sondern »Glaube und Gott«. Denn wenn wir von Bekenntnissen reden, muss es nicht zwingend mit der Überzeugung von einer Gottheit sein.

Denen aber, die an Gott glauben, wird dieser Raum Heilung, Kraft und Ausdauer schenken angesichts der Zweifel an dem Schöpfer, an ihren Träumen und Wünschen.

Und jetzt halte dich an mir fest, und lass uns gemeinsam den ersten Raum betreten.

RAUM 1

Glaube und Gott

Diesen Raum empfehle ich besonders den Personen A, C und D.

Ich war voller Vorfreude, als ich begann, dieses erste Kapitel zu verfassen, weil ich vor vier Jahren das Geheimnis dieses Raumes entdeckt hatte, an dem ich vorher selbst zweifelte. Ich habe lange nicht daran geglaubt, dass so etwas möglich sein kann, was ich dir erzählen werde.

Was ich dir in diesem Raum verraten werde, wird sich im ersten Moment komisch für dich anhören, fast schon unglaubwürdig. Doch die Dinge, die mir im Leben passiert sind, bekräftigen meine Gedanken, dass dieses Geheimnis, das mir offenbart wurde, wirklich existiert und funktioniert. Ein Geschenk, das mein ganzes Leben verändern sollte und auch deins, wenn du es zulässt, verändern wird.

Das, was ich erzählen werde, ist etwas, was unzählige Menschen seit Tausenden von Jahren nutzen und es bis heute immer noch tun, um das zu bekommen, was sie sich aus tiefstem Herzen wünschen. Darunter wären Erfolg, finanzielle Freiheit, die Liebe ihres Lebens und ihr Traumjob.

Das Geheimnis heißt: **die Macht des Glaubens.**

Meinst du den Glauben an Gott, Keff? Denn ich bin nicht besonders religiös.

Wenn ich von Bekenntnis rede, werde ich dir auch eine andere Facette zeigen, wie du diese unglaubliche Kraft ohne Religiosität für dich nutzen kannst. Deshalb können auch Menschen, die nicht an Gott glauben, diesen Raum mit Spannung weiterlesen.

Wir Menschen sind eine außergewöhnliche Spezies.

In unserer Anfangszeit mussten wir uns noch mit einfachen Werkzeugen wie Stöcken und Steinen zufriedengeben. Damit haben wir gejagt, uns verteidigt und sogar Kunstfertigkeiten unter Beweis gestellt.

Doch der Mensch blieb nicht in dieser Phase, sondern entwickelte sich immer weiter. Irgendwann konnte er bessere Werkzeuge ausarbeiten, damit größere Tiere jagen und aus den Überresten Kleidung herstellen, Handwerk betreiben und somit seine Lebensqualität enorm verbessern. Jahrhunderte später war der Mensch fähig, Pyramiden, Paläste und ganze Städte zu bauen. Schließlich entdeckte der Mensch den Strom und bekam mit Glühbirnen Licht in dunklen Räumen. Er entwickelte Motoren, mit denen er Autos baute, und eroberte irgendwann auch den Himmel mit Luftfahrzeugen. Raumschiffe wurden gebaut, und wir erreichten schließlich den Mond. Und die Geschichte ist nicht zu Ende.

Der Mensch ist bis heute nicht zum Stillstand gekommen. Er entwickelt und erschafft in unserer Zeit Dinge, von denen die Erdbewohner vor Tausenden von Jahren keine Vorstellungen hatten. So viele Persönlichkeiten haben Unglaubliches erschaffen, Meisterleistungen in der Musik, Malerei, in der Literatur, Religion, Wissenschaft, Medizin und vielem mehr erbracht.

Aber was ließ diese Menschen so erfolgreich werden?

Das Geheimnis liegt in dem tiefen Glauben dieser Menschen, in ihren Visionen, Träumen und Vorstellungen.

Hast du schon mal den Satz »Glaube kann Berge versetzen« gehört? Und ich sage dir, der Glaube kann nicht nur Berge, sondern ganze Länder und Kontinente versetzen.

Das Universum und das Leben

Was viele Menschen vergessen, ist, dass das Universum in seiner Gesamtheit von Raum und Zeit aus Materie und Energie besteht.

Die Erde ist vor rund fünf Milliarden Jahren entstanden. Der Planet war überdeckt von der Atmosphäre aus Erdgas, Ammoniak und anderen gefährlichen Gasen, die langsam abnahmen. Wasserdampf fing an, in einen flüssigen Zustand überzugehen, und Meere entstanden. Durch Hitze, Kälte, Finsternis, Feuchtigkeit und Trockenheit traten chemische Reaktionen auf. Kohlenstoffverbindungen aus Stickstoff, Wasserstoff und anderen Stoffen bildeten komplizierte Moleküle.

Aus diesem ganzen fein gesponnenen Geschehen entwickelte sich irgendwann das Leben. Die Tiere und besonders die Menschen leben in einer perfekt erschaffenen Welt, die bestimmten Gesetzen untersteht.

Jetzt kommen wir zu einem besonderen Punkt:

Die Normen der Physik, die Entstehung und die Weiterentwicklung dieser Phasen sehen viele Leute als puren Zufall. Denn sobald etwas geschieht, was wir uns selbst nicht erklären können, beispielsweise die Entstehung des Lebens – ein Ereignis, dessen Motiv wir noch nicht entschlüsselt haben –, stempeln es manche Menschen als Zufall ab.

Kennst du das Prinzip von **Ursache und Wirkung**?

Nein. Was heißt das ganz genau?

Es bedeutet, dass jegliche Reaktion einen entsprechenden Auslöser braucht und dass jeder Anreiz wiederum eine Reaktion erzeugt. Es gibt keine Wirkung ohne einen Impuls. Das ist ein verbindliches Gesetz, das schon immer existiert hat und auch nicht außer Kraft gesetzt werden kann.

Anfangs war es so gewesen, dass die Dynamik im kosmischen Raum oder im Universum der Auslöser für bestimmte Reaktionen im Leben war, ohne menschlichen Einfluss.

Diese Dynamik, die quasi aus dem Nichts etwas erschaffen hat, existiert ja immer noch und arbeitet konstant weiter. Entscheidend ist, dass wir selbst auch aus dieser Materie und Energie bestehen. Du bist ein Teil des Universums, und das Weltall ist ein Teil von dir.

Wenn man es religiös betrachtet, sind wir das Ebenbild Gottes. Somit bist du selbst fähig, Dinge zu erschaffen. Natürlich kein Leben wie Gott (das Universum), aber die Geschichte der Menschheit hat uns gezeigt, wie eindrucksvoll wir das bis jetzt getan haben.

Und zu diesem unglaublichen Ergebnis hat uns unser starker Glaube an unsere Visionen und Träume verholfen.

Du willst mir also sagen, durch den bloßen Glauben kann ich Dinge erschaffen und entwickeln?

Wenn du an etwas ganz stark glaubst, sendest du – wissenschaftlich belegt – Energieimpulse aus, die eine Reaktion hervorbringen. Wir Menschen denken, nur das, was wir sagen oder tun, führt zu einer Wirkung. Das ist ein Irrglaube. Wenn du einen Stein aufheben möchtest, der sehr schwer ist, verbrauchst du Energie, die freigesetzt werden würde, um diesen Stein aufheben zu können. Dasselbe geschieht auch mit deinen Gedanken. Wenn du fest an etwas glaubst, wird ebenfalls Energie freigesetzt.

∼

So, wie du den Stein aufheben wirst
mit deinen Händen, kannst du ebenfalls
den Stein deiner Wünsche mit
deinem Glauben aufheben.

∼

Was ich dir hier erzähle, haben Religionen vor Tausenden von Jahren schon längst offenbart. Das beste Beispiel ist die Bibel. Und wie ich schon sagte, um dieses Geheimnis zu verstehen, musst du nicht an Gott glauben oder einer Religion angehören. Es reicht, zu begreifen, was für Auswirkungen der bloße Glaube an etwas hat. Die Bibel und andere heilige Bücher waren quasi die ersten Ratgeber, die detailliert beschrieben haben, wie das Ganze funktioniert.

Hier sind einige Beispiele:

Markus 9:23
Alle Dinge sind möglich dem, der da glaubt.

Markus 10:52
Dein Glaube hat dir geholfen. Und sogleich wurde er sehend und folgte ihm nach auf dem Wege.

Matthäus 7:7
Bittet, so wird euch gegeben; suchet, so werdet ihr finden; klopfet an, so wird euch aufgetan.

Die Bibel erklärt hier immer wieder, wie mächtig der Glaube an etwas ist und dass du es schaffen kannst, wenn du damit beginnst, wirklich aus deinem tiefsten Herzen daran zu glauben.

An die Menschen, die nicht religiös sind: Du musst nicht an eine Gottheit glauben, um diese Macht zu nutzen. Vergiss nicht, wir sind ein Teil des Universums, und somit ist in uns die Energie dieses Alls. Das bedeutet, wenn du aus deinem tiefsten Herzen an etwas glaubst, wird das Universum alles daransetzen, diesen Wunsch zu erfüllen.

Die Kraft des Glaubens wird verwendet, seit die Menschen existieren. Positiv wie negativ. Propheten, Scharlatane, Sektenführer bis hin zu Königen, Kaisern, Präsidenten und Künstlern nutzten und nutzen diese Kraft.

Carl Benz hätte niemals das moderne Auto gebaut, wenn er nicht ganz fest daran geglaubt hätte, dass es möglich ist.

Joseph Swan erfand nach Tausenden Versuchen die Glühbirne, und Thomas Edison verbesserte diese.

So viele Menschen erfanden bahnbrechende Dinge, und sie waren keine Millionäre. Viele von ihnen waren auch nicht überdurchschnittlich intelligent, wie manche vermuten würden. Sie hatten etwas, was heute immer weniger in Betracht gezogen wird: **den starken Glauben daran, dass ihre Vorstellungen wahr werden würden.**

Aber wie funktioniert das Ganze genau? Einfach daran glauben, und schon wird es wahr? Das klingt alles zu einfach.

Du hast recht, es gehört viel mehr dazu. Wenn ich vom Glauben rede, meine ich, dass du diese Gedanken, deinen Wunsch, manifestieren musst. Du musst selber fest darauf vertrauen, dass das, was du erreichen möchtest, sich erfüllen wird, komme, was wolle. Nichts darf deine Überzeugung schmälern.

Ich sage es nicht einfach so, ich habe es selber erlebt – etwas, was ich selbst für unmöglich und unglaubwürdig gehalten habe. Ich erzähle euch aus meiner eigenen Erfahrung, was für Berge der Glaube an etwas versetzen kann.

Meine Geschichte

Vor sechs Jahren war ich in meiner Wohnung in Essen und hatte damals alles verloren – die Liebe zu einer Frau und meinen Job. 15 000 Euro Schulden hatte ich zusätzlich im Gepäck. Ich war wirklich am Ende mit meinem Leben und hatte extreme Zukunftsängste. Was sollte ich jetzt machen? Wie sollte es in meinem Leben weitergehen? Und vor allem: Was sollte aus mir werden?

Eines Abends kniete ich mich in meiner Verzweiflung hin und sagte zu Gott: »Hilf mir, mein Leben in die richtige Richtung zu bringen.«

Ich sagte es nicht einfach nur so, sondern fing an, auch fest daran zu glauben – zu glauben, dass Gott meinen Weg ebnen wird. Ich nahm ein Blatt Papier und schrieb mir ganz genau auf, was ich von Gott wollte. Es waren genau sieben Ziele, die ich im Leben erreichen wollte.

Das waren sie:

1. Schulden abbauen
2. Positiver im Leben werden, von außen und innen
3. Finanziell abgesichert sein
4. Meine Mutter in Afrika besuchen
5. Meine Familie in Afrika finanziell unterstützen

6. Eine Frau kennenlernen und eine Familie gründen
7. Bevor ich sterbe, der Welt etwas Positives hinterlassen

Damals hatte ich Schulden, keinen Abschluss, keine Ausbildung, keine Perspektive. Ich spielte auch nicht mit dem Gedanken, Autor zu werden oder mein Leben damit zu finanzieren. Aber eins hatte ich verinnerlicht: Ich glaubte fest daran, dass all diese Wünsche, die ich an Gott (das Universum) richtete, eines Tages wahr werden würden.

Jetzt erkläre ich dir mal etwas sehr Bemerkenswertes, und hier musst du gut aufpassen. Du kannst mehrere Wünsche äußern, und Gott (oder das Universum) wird in einer Art Zusammenfügung versuchen, alle deine Wünsche nach und nach zu erfüllen.

Du hältst es für unmöglich?
Dann lies meine Story weiter.

Als ich in Essen war, hatte ich plötzlich den Wunsch, Essen zu verlassen. Ich kann dir nicht erklären, wieso und weshalb sich dieser Wunsch in mir entwickelte. Aber das Bedürfnis war einfach da, und ich wusste, ich muss die Stadt verlassen.

Ich hatte damals drei Städte zur Auswahl: Berlin, Hamburg und München. Im Internet hatte ich schon angefangen, in den Städten nach WG-Zimmern und nach einem Job zu suchen. Ein paar Tage später rief mich ein guter Freund aus Stuttgart an, und ich erzählte ihm von meinem Vorhaben. Er bot mir aus dem Nichts an, bei ihm zu pennen, wenn ich nach Stuttgart ziehen sollte. So bräuchte ich keine Möbel und hätte diesen Stress der Suche nach einer WG-Wohnung nicht. Also bemühte ich mich, in Stuttgart einen Job zu finden, und bekam ihn als Teilzeitkraft bei »Hallhuber« in der Stuttgarter Königstraße.

In der Schwabenmetropole angekommen, fing ich an zu recherchieren, wie schnell ich eine abgeschlossene Ausbildung bekommen könnte, ohne drei Jahre damit zu verbringen. Ich fand bei der Recherche heraus, dass man mit der Bundesanstalt für Arbeit eine Schule besuchen konnte, wo man nach sechs Monaten die Ausbildung fertig hatte. Als ich mich bei der Arbeitsvermittlungsagentur meldete, sagte man mir, ich könne nur eine Ausbildung als Verkäufer machen, da ich bei den Tests durchgefallen sei. Ich hatte immer wieder betont, dass ich die Ausbildung zum Kaufmann brauchte, um eine Familie zu ernähren und meine Schulden abzubauen. Aber die Sachbearbeiterin war hartnäckig und wich von den Regeln nicht ab. Die Frage war jetzt: Wenn die Arbeitsagentur sagte, dass sie mich nicht für den Kaufmann anmelden werde, und es keine andere Lösung gab und auch ich selbst nichts tun konnte, welche Problemlösung hättest du gehabt? Beschweren? Habe ich gemacht, wurde abgelehnt.

Also fing ich wieder an zu beten. Ich äußerte meinen Wunsch, Kaufmann zu werden. Ich hielt wieder an meinem Glauben fest und blieb trotz der Schwierigkeiten hoffnungsfroh.

An einem Morgen kleidete ich mich schön an und ging mit positiver Einstellung zur IHK, um mich als Verkäufer anzumelden. Eine Dame empfing mich und füllte mit mir den Anmeldebogen aus. Sie fragte mich daraufhin, warum ich nur Verkäufer werden wolle. Ich sagte ihr, dass ich für den Kaufmann abgelehnt worden sei. Sie schaute mich verdutzt an, lächelte und sagte, sie werde meinen Namen einfach als Kaufmann eintragen, da die Rechnung mit dem Antrag erst nach dem Abschluss an die Arbeitsagentur geschickt werde. Ich fragte sie, ob sie sich sicher sei, vielleicht habe die Agentur ja recht, dass ich es nicht schaffen würde.

Sie schaute mir in die Augen und sagte: »Du hast für dieses Treffen ein sauberes Hemd angezogen, ein Sakko, was schon 90 Prozent aller Auszubildenden hier nicht tun. Du bist sehr höflich und respektvoll. Du siehst nicht so aus, als ob du den Kaufmann nicht schaffen würdest.« Also startete ich meine Ausbildung zum Kaufmann.

Während dieser Zeit hatte ich den Wunsch, ein Buch über meinen Leidensweg zu schreiben. Ich hatte aber damals weder einen Computer noch ein Laptop. Also entschied ich mich, mein iPhone 5 zu benutzen, und schrieb ein komplettes Buch in die Notizen. In der Berufsschule hatte ich es mir dann per E-Mail selbst zugeschickt und es wiederum in einer Worddatei abgespeichert.

Das fertige Manuskript schickte ich an 36 Verlage, Tage später wurde ich von allen Editoren abgelehnt. Wie sollte ich mein Buch veröffentlichen? Wie das Cover gestalten, das Layout? Wie das Buch in die Online-Shops bringen? Wie Werbung machen?

Trotz dieser Niederlage war ich nicht enttäuscht, ich blieb weiterhin positiv und glaubte fest daran, dass Gott (das Universum) einen Weg für mich finden würde.

Negativität schwächt deinen Glauben. Ist dein Glaube schwach, wird sich dein Wunsch nicht erfüllen.

Ich dachte mir, wenn die Verlage meine Bücher nicht wollen, haben die eben Pech gehabt, ich mache es alleine. Zwei Monate vergingen, nichts passierte.

Dann kontaktierte mich eine gute Freundin und sagte, sie kenne eine Autorin, die ihre Bücher selber verlegt, also aus eigener Kraft selbst veröffentlicht. Sie stellte mir den Kontakt zu der Dame her. Ich schrieb ihr auf Facebook, und sie erzählte mir, an wen ich mich wenden solle und wie viel Geld ich bräuchte. Auf einmal wurde mir eine riesengroße Tür geöffnet.

Drei Monate später hielt ich mein erstes Buch in der Hand – **»Bis die Liebe uns findet«** –, und mir kamen vor Freude die Tränen.

Am Anfang lief es etwas mau mit den Umsätzen, ich verkaufte die ersten zwei Wochen nur fünf Stück. Aber ich hatte langsam erkannt, dass positives Denken und der Glaube daran erfolgreich machten. Fünf Monate später wurden aus fünf Stück 8 000 verkaufte Bücher.

Das klingt alles unglaubhaft, nicht wahr? Ja, für mich war es genauso unfassbar. Jahre vergingen, und ich schrieb »Bis die Liebe uns findet – Teil 2« und »Teil 3«. Sie wurden alle drei Bestseller.

Eines Abends kam mir eine Idee für ein weiteres Buch. Es gab viele Frauen, die mir plötzlich schrieben und Tipps über die Liebe bekommen wollten. Ich nahm mir vor, ein Buch über Liebeskummer und Herzschmerz zu schreiben. Auch dieses Buch wurde ein voller Erfolg. **»5 Räume«**

brachte es acht Monate später auf Platz 21 der SPIEGEL-Bestsellerliste. Plötzlich wurden mir auf einen Schlag 20 000 Euro überwiesen. Ich bezahlte damit meine kompletten Schulden.

Ich flog 2019 mit dem Geld nach Afrika und habe meine Mutter nach über 20 Jahren wiedergesehen. Ich habe angefangen, ihre Monatsmieten, die Uni und die Schule meiner Geschwister zu finanzieren. Ich wurde Filialleiter, bin umgezogen und habe jetzt eine schöne Wohnung in Mannheim. Ich investierte in Immobilien.

Ich fing an, viele Bücher über Psychologie, Wirtschaft, Ernährung und Biografien zu lesen. Ich bin ein positiver Mensch geworden, bin dankbar für meinen Erfolg und werde, wenn ich jetzt sterben sollte, der Welt etwas Schönes hinterlassen. Mein Name wird nach meinem Tod weiterleben.

Und jetzt tu mir bitte einen Gefallen: Blättere nochmals die Seiten zurück bis zu der Seite, wo ich geschrieben habe, welche sieben Punkte ich erreichen wollte, und komm wieder zurück.

Okay, du hast recht, die richtige Frau kennenzulernen und eine Familie zu gründen, habe ich immer noch nicht geschafft. Hier hat selbst Gott (das Universum) noch viel Arbeit vor sich.

Aber siehst du, was der Glaube bewirken kann? Und ich wiederhole nochmals, ich hatte keinen Plan, wie es funktionieren wird.

Ich erzähle dir etwas, was ich zuvor noch nie erzählt habe. Als ich kurz vor der Veröffentlichung meines ersten Buches stand, hatte ich echt Angst gehabt zu scheitern.

Das Buch hatte viele Grammatik- und Rechtschreibfehler, die Art meines Schreibens fiel aus dem Rahmen. Und nicht zu vergessen, 36 Verlage hatten das Manuskript abgelehnt. Also nicht die besten Chancen, um erfolgreich zu werden.

Einen Tag vor der Veröffentlichung habe ich angefangen zu beten. Das bedeutet, ich habe mich hingekniet und mit Tränen in den Augen Gott (das Universum) förmlich angefleht, mein Buch einen vollen Erfolg werden zu lassen. Ich sagte gleichzeitig selbst zu mir: »**Ich glaube fest daran, dass mein Buch erfolgreich sein wird. Ich, Keff Vidala, werde erfolgreich sein.**« In dieser Sekunde sendeten meine Gedanken und Gefühle Energien aus, die sich sozusagen darum gekümmert haben, meinen Wunsch wahr werden zu lassen. Ich habe fest daran geglaubt, dass ich irgendwann SPIEGEL-Bestseller sein werde. Irgendwann werde ich es schaffen, und diesen Gedanken habe ich wie mein eigenes Kind beschützt und festgehalten, egal wer kam und mir sagte, dass das ohne Verlag schwer oder fast unmöglich sei. Nein, ich glaubte daran.

Das ist echt beeindruckend. Aber ich glaube auch ab und zu an das, was ich tue, oder an meine Wünsche. Aber ich glaube, viele können bestätigen, dass man trotzdem immer wieder bei bestimmten Wünschen auf die Schnauze fällt, aber richtig. Ich verliere danach schnell die Motivation. Ist mein Glaube nicht stark genug, oder woran liegt es?

Das Zweifeln

Wir kennen alle die Situation, Wünsche zu haben, aber nicht daran zu glauben, sie verwirklichen zu können, weil du an dir selbst zweifelst:

- Ich glaube, ich bin einfach nicht gut genug für dies oder das.
- Ich glaube nicht, dass sie Ja sagen wird, wenn ich sie nach einem Date frage.
- Es wird schwierig sein, meinen Wunsch wahr werden zu lassen.
- Ich glaube, ich bin zu dick/zu dünn/zu hässlich/unsportlich etc.

Durch unsere Gedanken und Gefühle sorgen wir selber dafür, dass unser Glaube geschmälert wird. Und anstatt Positives zu bekommen, bekommen wir Negatives, weil wir es durch unser eigenes negatives Denkmuster heraufbeschwören.

Wenn du daran glaubst, ein Versager zu sein oder zu werden, wirst du ein Versager bleiben oder es werden.

Es sind deine negativen Gedanken und Gefühle und der Glaube, die Negatives anziehen.

Ändere deinen negativen Glauben ins Positive. Wenn du zum Beispiel in einer Bar mit Freunden sitzt und als Mann davon überzeugt bist, nicht schön oder attraktiv zu sein, sendest du mit deinem Glauben negative Energien in den

Raum, und andere Menschen werden es spüren. Vor allem Frauen sind sehr feinfühlig bei so etwas. Sie erkennen recht schnell positive oder schlechte Dynamik. Und dann passiert es, dass du keine Frau kennenlernst, weil du diese Gedanken jedes Mal aussendest.

Wenn du aber in der Bar sitzt und fest daran glaubst, heute einen schönen Abend zu haben und eine Frau kennenzulernen, dann sendest du positive Energie. Und selbst wenn du keine Frau kennenlernst, genießt du den Abend trotzdem. Diese Energie spüren die Frauen. Du wirkst allein schon durch deine Körperhaltung, dein Lächeln und die Art, wie du sprichst, automatisch attraktiver.

Als ich erfolgreich wurde mit meinen Büchern, veränderte sich allmählich auch meine Denkweise. Ich fühlte mich gut, hatte überwiegend positive Gedanken dadurch, dass ich den Frauen etwas zu »erzählen« hatte. Ich wusste, dass ich ein erfolgreicher Mann war. Ich lachte mehr, strahlte Zufriedenheit aus, und so wurde ich als sympathisch wahrgenommen.

Ich werde dir jetzt sechs Schritte zeigen, wie du deine Träume und Wünsche schneller erreichen kannst. Diese sechs Maßnahmen solltest du dir aufschreiben und sie an der Wand oder Tür aufhängen, sodass du sie jeden Tag betrachten kannst, bevor du ins Bett gehst oder die Wohnung verlässt.

1. Manifestiere deinen Glauben

Ich bat Gott (das Universum) darum, mein Buch erfolgreich werden zu lassen. Nicht nur, dass ich darum bat, ich fing an, selbst fest daran zu glauben, dass er mich niemals im Stich lassen wird, egal wie lange es dauert und in welcher Lebensphase ich mich gerade befinde.

Wenn du ein gläubiger Mensch bist, machst du Folgendes: Nimm dir einen Abend vor, zu beten und deinen Wunsch Gott gegenüber zu äußern. Entwickle eine richtige Freude in deinem Herzen, als würdest du deinen Traummann oder deine Traumfrau heute treffen. Ich empfehle dir, vorher zu duschen, um dich frisch und gut zu fühlen. Dann, in einem ruhigen Moment, in dem du nicht gestört werden kannst, kniest du dich hin, dankst Gott für alles, was du besitzt, und sagst dein Bedürfnis, was du dir aus deinem tiefen Herzen wünschst. Es kann alles sein, dass du zum Beispiel eine Ausbildung bekommen möchtest, den Führerschein bestehen willst, erfolgreich in der Frauen- oder Männerwelt sein willst oder endlich deine Weltreise starten kannst. Du kannst alles verlangen. Für Gott (das Universum) ist nichts unmöglich. Du dankst Gott (dem Universum) nochmals für alles und hältst an diesem Gedanken fest. Freue dich darauf, dass er deinen Wunsch gehört hat, und es wird daran gearbeitet, diesen Traum wahr werden zu lassen.

Und jetzt für die nicht Gläubigen: Nimm dir ein Blatt Papier, und schreibe ganz groß darauf, was du von dem Universum möchtest. Auch hier ist alles erlaubt. Lies dir diesen Wunsch mehrmals vor, immer wieder, und entwickle eine Freude in deinem Herzen, dass dieses Anliegen sich erfüllen wird. Klebe diesen Zettel mit deinem Wunsch an die Wand, aber so, dass du ihn jeden Tag lesen kannst. Und jedes Mal, wenn du ihn liest, musst du dir selbst sagen: »Meine Bitte wird in Erfüllung gehen«, immer und immer wieder. Nichts, aber auch wirklich nichts, darf dich daran zweifeln lassen. Glaube so fest, wie du kannst, daran.

2. Gib Gott (dem Universum) Zeit zu arbeiten

Die meisten scheitern, weil ihnen die Geduld fehlt. Wir denken zu oft, wenn wir uns etwas wünschen und fest daran glauben, dass es in den nächsten Tagen oder Wochen wahr werden muss, der Erfolg quasi schnell vom Himmel fallen muss. Menschen sind heute in einer schnelllebigen Welt gefangen, und so verhalten sie sich auch. Wenn wir uns Erfolg wünschen, den richtigen Partner oder die richtige Partnerin, soll es schnell gehen, am besten schon morgen oder beim nächsten Diskothekenbesuch.

Dabei vergessen wir aber, dass Gott (das Universum) nicht dieselbe Zeit nutzt, die wir auf der Erde beanspruchen. Was wir als sehr lange wahrnehmen, muss für ihn nicht langwierig sein. Gott (das Universum) kennt weder Raum noch Zeit, wie wir sie spüren. Es ist eine Energie, die dafür sorgt, dass dein Wunsch wahr wird. Das kann, wenn es sein muss, Jahre dauern. Deshalb ist es hier wichtig, dass du geduldig bist.

Manchmal müssen viele Dinge passieren und wir ab und zu auch negative Erfahrungen durchleben, damit unser Wunsch in Erfüllung geht. Ich brauchte ganze acht Jahre, um da zu sein, wo ich jetzt bin.

3. Laufe deinem Glauben entgegen

Bei meiner Familie habe ich sehr oft erlebt, dass, wenn etwas Negatives zu verkraften war, zum Beispiel ein Jobverlust oder Geldprobleme, Sätze wie »Gott wird es schon richten, mach dir keine Sorgen« oder »Gott wird dich aus der Armut holen« fielen.

Wenn du ein gläubiger Mensch bist, ist es richtig, dass du daran glauben solltest. Aber wir machen dabei einen großen Fehler: Wir warten und warten und warten und tun selbst wenig dafür, dass sich etwas ändert. Was wir aber nicht verstehen, ist, dass wir selbst tätig werden müssen. Laufe deinen Wünschen und Träumen entgegen, anstatt zu warten, bis sie erfüllt werden. Es kann schnell passieren, dass sie deshalb nicht wahr werden.

Wie ich schon erklärt habe, sind Gedanken Energieimpulse. Diese Lebenskraft kannst du verstärken, indem du in Bewegung bleibst. Was meine ich damit?

Wenn du zum Beispiel sagst, du möchtest irgendwann ein eigenes Café besitzen, diesen Wunsch immer wieder in deinen Gedanken aussprichst: **»Ich werde ein Café besitzen«**, diesen aufschreibst und dieses Bedürfnis manifestierst, aber nichts für deinen Wunsch tust, löst sich diese Energie irgendwann wieder im Nichts auf. Ich meine nicht, dass du anfangen solltest, indem du sofort einen Kredit aufnimmst. Wenn ich sage, »in Bewegung bleiben«, meine ich damit, dass du zum Beispiel anfangen solltest, Wissen über die Gastronomie zu erlangen. Du könntest dich als Kellner bewerben, um ein bisschen hinter die Kulissen zu schauen. Im zweiten Step könntest du dich mit der Besitzerin unterhalten. Sie könnte dir kostbare Tipps geben. Schaue dir Dokumentationen über die Gastronomie an. Lies Bücher über von Erfolg gekrönte Gastronomen, erfolgreiche Unternehmen wie »Starbucks«.

Es ist sehr wichtig, dass es in deinem Glauben nicht zu einem Stillstand kommt. Durch die dauerhafte Bestrebung nach Wissen bringst du deine Energie in Schwingungen. Diese veranlassen, dass dein Anliegen schneller zu dir kommt. Aber mit jedem Nichtstun entfernst du dich selber von deinem Traum, und die Energie hat große Mühe, dich zu erreichen.

～

Laufe deinen Wünschen so entgegen,
als würdest du in weiter Ferne
deinen besten Freund oder
deine beste Freundin sehen,
die du jahrelang nicht gesehen hast.

～

4. Entwickle eine Glückseligkeit in deinem Glauben

Wir haben gelernt, dass negative Gefühle deinen Glauben schädigen können. Deshalb ist es sehr wichtig, dass du stets positiv gegenüber deiner Sehnsucht bleibst. Freue dich regelrecht darauf, dass Gott (das Universum) gerade dabei ist, deinen Wunsch wahr werden zu lassen.

Entwickle eine Art Glücksgefühl. Als ich Gott darum bat, mein Buch »5 Räume« gegen Liebeskummer und Herzschmerz erfolgreich zu machen und es in der SPIEGEL-Bestsellerliste zu sehen, habe ich mir jeden Tag vorgestellt, wie mein Name »Keff Vidala« in den Büchercharts stehen wird. Das gab mir eine unglaubliche Kraft, durchzuhalten, weiterzumachen und niemals aufzugeben.

Nimm deinen Glauben ernst, nimm deine Bitte an Gott (das Universum) ernst. Hege keine Zweifel, dass es klappen wird, und freue dich darauf.

Dieselbe Methode haben auch die Jünger von Jesus angewandt. Jesus sagte zu ihnen: »Ich werde wiederkommen, haltet an diesem Glauben fest.« Und sieh, sie haben die Worte Jesu Christi in die Welt gesendet, und bis heute ist die Überzeugung geblieben, obwohl Jesus seit über 2000 Jahren tot ist. Siehst du, wie viel Kraft der Glaube auslösen kann?

Ein wichtiger Rat von mir: Verstecke deinen Wunsch nicht vor anderen. Jedes Mal, wenn mich jemand über meine Zukunftspläne ausgefragt hatte, hatte ich, ohne mit der Wimper zu zucken, gesagt, ich wolle mit einem meiner Bücher auf Platz 1 der SPIEGEL-Bestsellerliste stehen und mein Leben damit finanzieren. Versteh mich nicht falsch, das soll nicht arrogant oder abgehoben klingen, es soll dir die Angst nehmen, hinter deinem Wunsch zu stehen. Durch die Offenlegung wird das Universum sozusagen unter Druck gesetzt, deine Sehnsucht wahr werden zu lassen. Durch dieses ständige Wiederholen deines Wunsches sendest du immer wieder Energie in die Welt hinaus, und dein Glaube wird stärker und stärker.

~

Ich habe nie an Gott gezweifelt
und habe mich immer gefreut,
dass mein Wunsch bald
in Erfüllung gehen wird.
Und irgendwann wurde er wahr,
und viele weitere werden noch kommen.

~

5. Sende Liebe zu anderen Menschen

Sei stets respektvoll, höflich und nett zu allen Menschen. Denn negative Energie, die du aussendest, kommt irgendwann zurück zu dir. Ich weiß, dass es schwerfällt, weil manche Menschen es nicht verdient haben. Aber es geht nicht darum, dass du dir unangenehme Dinge gefallen lassen oder dich nicht mehr beschweren sollst, wenn dir ein Unrecht getan wurde. Es geht darum, dass du Menschen mit Liebe empfängst. Liebe ist eine große Macht, die du in dir haben solltest. Um das genauer zu erklären, gebe ich dir ein Beispiel:

Ich hatte mal einen Kunden in meiner Filiale, der einen Anzug brauchte. Er hatte eine goldene Rolex am Handgelenk und andere Bling-Blings an seinem Körper. Er verhielt sich in meinen Augen hochnäsig, aber anstatt unfreundlich zu werden, habe ich stets mein Lächeln beibehalten, ihm Respekt entgegengebracht und ihn professionell beraten. Er hat schnell gemerkt, dass ich anders war als die anderen Verkäufer, und unser Gespräch vertiefte sich. Irgendwann erzählte er mir, er sei Immobilienmakler und habe einige Wohnungen in Afrika, unter anderem in Kinshasa, der Heimatstadt meiner Mutter. Ich sagte ihm, dass ich gerne meiner Mutter ein Apartment kaufen wolle. Er hinterließ mir seine Karte und gab mir sehr wertvolle Tipps, wie ich an die Sache herangehen solle.

Es kann natürlich trotzdem passieren, dass du einen Arsch triffst und Respekt zeigst, er aber ein Arsch bleibt. Aber Liebe und Respekt werden dir immer mehr Gutes bringen als Schlechtes. Lächle Menschen an, sei höflich zu ihnen, biete ihnen deine Hilfe an, wenn du siehst, dass sie sie brauchen.

~

Denn da, wo die Liebe ist,
wird es immer anfangen zu blühen.
Und da, wo es blüht,
da befindet sich Gottes Liebe.

~

6. Dankbarkeit zeigen

Zur positiven Einstellung gehört auch, dass du zufrieden bist mit dem, was du hast. Wenn du morgens aufwachst, darfst du nicht mit negativen Gedanken beginnen, indem du sagst, dass dein Leben scheiße ist oder du es nicht wert bist. Wenn du zum Beispiel in Deutschland lebst, hast du sauberes Wasser. Du musst nicht Hunger leiden, und selbst wenn du gar kein Geld haben solltest, gibt es viele Institutionen, die dir helfen werden. Wenn du aber Undankbarkeit zeigst und nur das Schlechte siehst, wird nur Negatives zurückkommen.

Kennst du den Spruch: **Vor lauter Bäumen siehst du den Wald nicht**? Du siehst vor lauter negativen Gefühlen und Gedanken das Gute in deinem Leben nicht mehr. Danke stets für das Essen, das du heute essen wirst, danke stets für das Wasser, das du heute trinken wirst. Danke für dein Leben und dass es dir gut geht. Somit entwickelst du eine positive Einstellung zum Leben, und die positive Einstellung im Leben gibt dir Positives zurück.

~

Dankbarkeit und Liebe
sollten stets an höchster Stelle
in deinem Leben stehen.
So wird Gott (das Universum)
an höchster Stelle deine Wünsche
wahr werden lassen.

~

Die Einstellung, durch den tiefen Glauben meine Wünsche wahr werden zu lassen, hatte ich schon, ohne es zu wissen, in der Kindheit entwickelt. Als ich noch in Afrika lebte und eine schwere Krankheit bei mir festgestellt wurde, sagte meine Mutter, dass sie meinen Vater (der schon in Deutschland war) darum bitten werde, mich zu sich zu holen. Doch es war überhaupt nicht klar, wie ich dorthin kommen sollte. Aber allein schon durch diesen Gedanken, dass ich nach Europa zu meinem Vater fliegen könnte, entwickelte sich in mir eine Euphorie. »**Ihr werdet schon sehen, es wird wahr werden!**« Die Freude und dieses Gefühl tief in mir zu spüren, dass mein Wunsch in Erfüllung gehen wird, habe ich als Kind schon ausgelebt, indem ich mir ganz genau vorgestellt habe, wie es wohl sein wird, in Europa zu sein. Ich habe allen Kindern gesagt, was ich in Europa machen würde, ohne jemals da gewesen zu sein, geschweige denn zu wissen, wie ich dahin komme. **Sieben Monate später saß ich im Flugzeug Richtung Deutschland.**

Zerbrich dir nicht den Kopf, wie das alles funktionieren soll, wie du das alles finanziell schaffen kannst. Glaube erst mal fest daran, denn mit der Überzeugung fängt es an. Manchmal gehen wir Wege, die wir erst mal nicht als die wahre Lösung sehen. Manchmal gehen wir Wege, die uns vermeintlich nach hinten werfen und uns Herzschmerz verursachen. **Und plötzlich hat uns genau dieser Weg zum Ziel gebracht.**

Wenn wir mal für ein paar Minuten Hungersnöte, Kriege und Streitereien auf der Welt ausblenden, werden wir schnell erkennen, dass Gott (das Universum) uns sehr liebt. Weißt du, warum? Weil du lebst. Und er schenkte dir alles, was du brauchst, um dieses Leben lebenswert zu machen. Er gab dir Wasser, Nahrung, die Möglichkeit, Kunst zu erschaffen. Er gab dir die Gelegenheit, die Erde zu erforschen, Länder, Tiere, Pflanzen zu entdecken, denn er möchte das Beste für dich.

Ich habe dir noch eine besondere Geschichte zu erzählen, wenn es um den Glauben geht. In einer Sendung von Oprah Winfrey wurde das Ehepaar Lori und Chris Coble eingeladen, die einen sehr schmerzlichen Schicksalsschlag erleiden mussten: Im März 2007 starben ihre drei Kinder, im Alter von 2, 4 und 5 Jahren, bei einem Autounfall. Danach begann eine sehr schwere und schmerzliche Zeit für das Ehepaar. Doch sie bauten sich gegenseitig Stück für Stück wieder auf und sind füreinander da. Sie halten an ihrem Glauben fest, das Ganze durchzustehen, und wollen noch mal Eltern werden. Sie entscheiden sich für eine künstliche Befruchtung.

Jetzt kommt das Wunder: Das Universum schenkte den Eltern Drillinge, und es waren zwei Mädchen und ein Junge, wie ihre verstorbenen Kinder.

Gemeinsam haben diese Menschen durch den Glauben an ihre Ehe und die Kraft, wieder Eltern zu werden, erneut eine Familie gegründet. Diese Kinder sind kein Ersatz, aber es ist ein neuer Anfang, eine neue Chance für eine Familie.

Diese Geschichte soll dir nochmals verdeutlichen, dass das Universum für dich arbeitet, wenn du nicht aufgibst und fest an dich und an deine Ziele und Träume glaubst.

Ich werde zum Schluss noch ein kleines spannendes Experiment mit dir wagen. Ich werde dir meine Ziele für das Jahr 2021/22 verraten, und wir werden gemeinsam schauen, ob dieser Wunsch durch meinen Glauben in Erfüllung gehen wird. Fangen wir an:

- Ich möchte im Jahr 2021/22 eine Europareise machen. Ich möchte über 25 Städte besuchen. Diese möchte ich dann auf »YouTube« dokumentieren. Danach möchte ich nach Kanada, Amerika, Afrika und in einige asiatische Länder reisen.
- ICH WERDE MIT DIESEM BUCH ERNEUT SPIEGEL-BESTSELLERAUTOR WERDEN.

Und du wirst mit mir gemeinsam Energieimpulse aussenden, um meinen Traum zu erfüllen. Wie es geht? Indem du diesen Text liest:

Keff Vidala wird im Jahr 2021/22 eine Europareise starten, das Ganze auf YouTube veröffentlichen und anschließend andere Kontinente besuchen.
Keff Vidala wird mit diesem Buch erneut Spiegel-Bestsellerautor werden.

Ich glaube fest daran, dass es möglich sein wird. Ich weiß nur noch nicht, wie, aber ich glaube fest daran. Dadurch, dass du ihn gelesen hast, hast du diesen Wunsch mit Energie gefüttert, und diesen Text werden Tausende lesen.

Diese Gedanken schrieb ich im Dezember 2019 auf. Und jetzt beobachte im Jahr 2021/22 auf YouTube auf dem Kanal »KeffVlogs«, ob sie sich erfüllt haben.

FAZIT / LETZTE WORTE

Im Leben werden wir so sehr von der Außenwelt beeinflusst, dass wir unser Inneres oft aus den Augen verlieren. Wir sind von so viel Druck in Schule, Ausbildung, Arbeit und Familie umgeben, dass wir keine Zeit mehr finden, in uns zu gehen und zu fragen, wer wir sind und was wir wirklich wollen. Negative Gefühle und Gedanken kommen in uns auf, und wir entwickeln ein Leben voller Zweifel und hinterfragen alles. Diese Verkettung von schlechten Dingen senden wir in die Welt hinaus, und das, was wir ausstrahlen, kommt entweder positiv oder negativ zurück.

~

Du bist der Autor deiner eigenen Biografie.

~

Wenn du an deine Wünsche und Träume ganz fest glaubst, egal wo du lebst, egal ob jung oder alt, egal ob schwarz oder weiß, egal ob religiös oder nicht, werden sie wahr werden. Beginne mit der positiven Einstellung zu dir selber.

DU BIST ES WERT!

VOR DEM RAUM

Wir haben gemeinsam erfolgreich den ersten Raum verlassen und befinden uns jetzt vor der Tür des zweiten Raumes, den ich »Gedanken, Gefühle und Verhalten« nenne.

Diesen Raum empfehle ich allen Personen.

Warum hast du dich entschieden, diesen Raum zu kreieren, und weshalb ist es der zweite?

Im ersten Raum haben wir darüber gesprochen, wie der Glaube an etwas unser Leben positiv verändern kann. Aber manchmal ist es so, dass wir zwar das richtige Mindset haben, die richtigen Gefühle und Gedanken, wir uns aber in bestimmten Situationen falsch verhalten und so das Ziel trotz unseres Glaubens nicht erreichen.

Wie verhältst du dich in einer Gruppe, wenn du sympathisch und positiv wahrgenommen werden möchtest? Welche Sätze und welche Gestik solltest du bei einem Date oder Bewerbungsgespräch vermeiden, und welche machen dich charmant, sympathisch und am Ende sogar erfolgreicher?

In diesem Raum werde ich dir die Geheimnisse der Körpersprache, die Macht von Worten und Sätzen offenbaren, durch die du positiv von anderen Menschen wahrgenommen wirst. Diese Enthüllungen kannst du im Beruf, bei Dates, bei Freunden, beim Partner oder der Partnerin einsetzen und somit den nächsten Step zu einem erfolgreichen Leben gehen. Du wirst nach diesem Raum sympathischer auf Fremde wirken, leichter Freundschaften knüpfen und mit einer gesunden Selbstsicherheit mit anderen kommunizieren.

Halte dich an mir fest, und lass uns gemeinsam den zweiten Raum betreten.

RAUM 2

Gedanken, Gefühle und Verhalten

Besonders geeignet für Person A, C und D.

Vor wenigen Jahren saß ich noch weinend im Bett und fragte mich, was ich auf dieser Welt zu suchen hatte. Ich glaubte, dass der Tod das Beste sei, was mir jetzt passieren könnte. Besonders Geldprobleme wirkten sich negativ auf mein Befinden aus. Alles verdunkelte sich immer mehr in meinem Leben. Mir fiel es schwer, Freundschaften zu knüpfen, und ich war sehr unsicher in meinem Auftreten. Wer hätte gedacht, dass dieser junge Mann, der sich in seiner Existenz nicht mehr zurechtfand, Schulden und keine Ausbildung hatte, sich heute SPIEGEL-Bestsellerautor nennen darf und mit einigen Tricks Herzen für sich gewinnen kann. Alles, was ich geschafft habe, verdanke ich in erster Linie meinen Gefühlen, Gedanken und meiner Körpersprache, die ich besser kennenlernte und positiv für den Aufbau eines besseren Lebens nutzte.

Ich habe meine Gefühle, Gedanken und Körpersprache jahrelang enorm unterschätzt. Das war einer der Gründe, warum ich im Leben nicht vorwärtskam und keine Erfolge erzielen konnte. Denn heilsamen Gedanken und gesunden Anschauungen wohnt eine unheure Kraft inne. Du bewirkst mit positiven Gefühlen, dass du deine Zukunft erfolgsorientierter planst. Liebe, Freude, Dankbarkeit und vor allem Harmonie reinigen nicht nur die Seele, sondern mindern auch Krankheiten, körperlich wie seelisch. Zufriedenheit verringert beispielsweise das Risiko für Herz-Kreislauf-Erkrankungen. Wissenschaftliche Untersuchungen zeigen, dass glückliche und erfüllte Charaktere ein stärkeres Immunsystem besitzen. Menschen mit einer positiven Lebenseinstellung tendieren beispielsweise eher dazu, sich gesünder zu ernähren. Sie sind dann aktiver und pflegen ihren Körper im Allgemeinen mehr. Dieses Verhalten wirkt sich positiv auf viele weitere Lebensbereiche aus.

Gefühle sind für deinen Körper also so etwas wie das Lenkrad in einem Auto. Du kannst ihren Einfluss entweder dazu nutzen, falsch abzubiegen, oder aber dazu, mit dem nötigen Geschick Hindernisse zu umfahren, um sicher ans Ziel zu kommen.

Dann liegt es ja auf der Hand, Keff. Ich brauche positive Gedanken, um die richtigen Entscheidungen zu treffen, denn negative lassen mich schlechte treffen, korrekt?

Moment! Emotionen allein helfen dir nicht immer, die richtige Lösung zu finden. Es ist auch wichtig, dass du verstehst, wie Körpersprache, Sätze und Worte sich positiv oder negativ auf andere auswirken.

Wenn wir nicht wissen, wie wir uns in bestimmten Situationen am besten verhalten sollten, kann es die positiven Gedanken und Gefühle, die du hast, unbrauchbar machen.

Wir kennen das doch alle oder haben schon oft solche Geschichten gehört oder erlebt: Ein Junge trifft sich mit seinen Freunden in einer Bar und bringt positive Stimmung mit. Doch im Laufe des Abends wird er von manchen Frauen als unsympathisch, nervig, arrogant oder überheblich wahrgenommen, obwohl er am Anfang alles richtig gemacht hat, was ich im Raum 1 erklärt habe.

Was hat er also falsch gemacht?

Er wusste zwar, wie er seine Gedanken und Gefühle vorteilhaft für diesen Abend einsetzen kann, nicht aber seine Körpersprache und seine Worte.

Kontrolliere nicht nur deine Gefühle, sondern auch dein Handeln. Lenke sie so, dass du positiv wahrgenommen wirst.

Anfangs begann ich, meine Gefühle näher zu betrachten und über mein Verhalten nachzudenken, wodurch ich mich fortan sowohl mir selbst als auch meinen Mitmenschen gegenüber anders verhielt. Ich war offener, lächelte mehr, nahm öfter am sozialen Leben teil. Aber erst durch das Studieren meiner Mimik und Gestik hatte ich plötzlich eine sehr große Macht, die ich positiv für mich einsetzen konnte. Diese Erfahrung erweiterte mein Blickfeld und ließ mich viele Personen kennenlernen, die mir zu einem großen Vorteil im beruflichen wie im privaten Bereich verhalfen.

Aber welche Tricks gibt es denn, um sympathisch bei Menschen zu erscheinen? Bei mir ist es manchmal so, dass ich nett zu anderen Menschen sein möchte. Aber dann entstehen in mir schlechte Gefühle oder negative Gedanken, meine positive Einstellung geht flöten, und ich habe den Eindruck, ich kann nichts dagegen tun.

Die geheimen Tricks werde ich dir noch verraten, und glaube mir, die haben es in sich. Ich weiß, dass du sie am liebsten sofort erfahren möchtest, um sie direkt auszuprobieren. Allerdings ist es wichtig, Folgendes über deine negativen Eindrücke und Gedanken zu erfahren, bevor wir zum entscheidenden Step gehen, denn deine Gefühle zu verstehen ist wichtig, um deine Gestik und Mimik perfekt einzusetzen.

Warum kommen negative Gefühle aus dem Nichts?

Gute Gefühle äußern sich stärker und lauter, während negative Gedanken und Empfindungen meistens leise ans Tageslicht treten.

Wenn wir gut gelaunt und glücklich sind, lächeln wir öfter und reden mehr. Wir unternehmen häufiger etwas, sind mutiger und entschlossener. Das bedeutet, deine Mitmenschen erkennen diese positive Energie schneller. Wenn du ausgelassen bist, würdest du kaum versuchen, dieses schöne Gefühl zu verstecken und deine Energie am Fließen zu hindern. Jeder würde früher oder später bemerken, dass du glücklich bist, weil du dich auch so verhältst. Indem du dein Glück nach außen trägst, entleert sich auch dein »Glücksbrunnen« zügiger, und du bist bemüht, dieses Gefühl schnellstmöglich zurückzugewinnen.

Bei negativen Gedanken und Gefühlen sieht es etwas anders aus. Die meisten von uns versuchen, schlechte Emotionen zu verbergen. Wer von uns ist schon ehrlich, wenn man ihn fragt: »Wie geht es dir?« Wie viele sind wirklich geradlinig und sagen: »Mir geht es nicht gut, mir ist dies oder das passiert.« Solche Gefühle will man nicht offenlegen. Man möchte weder mit seinen eigenen Problemen konfrontiert werden noch andere damit belasten. Die meisten von uns setzen sich eine Maske auf, wenn es ihnen seelisch nicht gut geht. Ich war jahrelang einer dieser Kandidaten. Meine schlechten Empfindungen versuchte ich zu verdrängen, zu verstecken. Sie sollten so schnell wie möglich meinen Kopf verlassen.

Doch heute weiß ich, dass negative Gefühle wie Trauer, Enttäuschung, Herzschmerz oder Niedergeschlagenheit in unserem Leben dazugehören. Sie gehören zu uns und sind sehr bedeutungsvoll für unseren Lebenslauf.

Vorhin sagtest du aber, positive Gedanken und Gefühle sind wichtig, damit wir erfolgreich sind. Jetzt erklärst du, dass negative Sichtweisen genauso relevant sind. Widersprichst du dir nicht gerade, Keff?

Eine sehr gute Frage. Das zeigt mir, dass du nachdenkst. Ich will es dir erklären.

Negative Gefühle sind nicht unmittelbar etwas Schlechtes. Angst hilft uns zum Beispiel in Gefahrensituationen.

Stell dir vor, du bist in der Stadt und siehst mitten auf dem Gehweg einen Löwen. Zugegeben, das ist sehr unwahrscheinlich, aber stell es dir bitte einfach mal vor. Würdest du jetzt keine Angst empfinden und erst mal darüber nachdenken, warum ein Löwe mitten auf dem Gehweg steht, wäre es schon zu spät. Er würde dich höchstwahrscheinlich angreifen und zerfleischen. Aber die Natur hat uns zum Glück so erschaffen, dass wir binnen weniger Sekunden entscheiden, ob wir uns verteidigen oder wie und wohin wir wegrennen können. Angst ist für uns etwas Negatives, kann aber für das Überleben bedeutsam sein. Auch die Trauer kann hilfreich sein, beispielsweise bei Todesfällen oder auch Trennungen. Ich bin ein großer Befürworter davon, Trauer und Schmerz an sich heranzulassen, damit wir geheilt werden können.

Jetzt bin ich verwirrt. Dann gibt es weder schlechte noch gute Gefühle, weil auch die schlechten gut sein können und die guten schlecht?

Tatsächlich geht es nicht darum, die schlechten Empfindungen zu verbannen und nur noch gute zuzulassen. Wenn uns etwas Übles widerfahren ist, wollen Freunde und Familienmitglieder uns meist helfen, indem sie dafür sorgen, dass wir uns nicht mehr schlecht fühlen und wieder gute Laune verspüren. Auch wir wollen dieser unangenehmen Phase schnell entkommen. Doch gegen Gefühle anzukämpfen ist ein trauriges und zum Scheitern verurteiltes Unterfangen. Wichtig ist nicht das Ankämpfen dagegen. Vielmehr geht es darum, deine Gefühle zu verstehen und die Macht darüber zu erlangen, was sie mit dir machen dürfen und was nicht. Wir brauchen unsere guten und schlechten Emotionen, um zu reifen und aus Erfahrungen zu lernen. Vor allem sind Empfindungen sehr wichtig, um Entscheidungen schneller zu treffen, wie bereits am Beispiel mit dem Löwen erklärt. Lange Überlegungen wären tödlich. Du siehst, Gefühle sichern auch dein Überleben.

≈

Nicht das Geschehene lässt uns leiden, sondern die Gefühle und Gedanken an die Sache. Lerne, deine Gefühle so zu lenken, dass du mit ihrer Hilfe nicht deinen Schmerz nährst, sondern deinen Horizont erweiterst.

≈

Entschuldige, dass ich dich unterbreche, aber ich glaube, wenn man keine Schulden hat, in einem guten Elternhaus aufgewachsen ist, genug zu essen und zu trinken hat, dann muss man sich über so etwas eigentlich keine Gedanken machen, oder?

Je weniger Geld man besitzt, desto mehr Probleme hat man und umso öfter entstehen negative Gedanken. Du kannst mir nicht erzählen, dass jemand, der nichts im Leben hat, glücklich durch die Stadt spaziert.

Um dir diese Frage zu beantworten, offenbare ich dir das erste Geheimnis und erzähle dir etwas sehr Wichtiges aus meinem Leben.

Negative Gefühle entstehen in deinem Kopf.

Direkt nach meiner Geburt erhielt ich von meiner Mutter eine Art Lebensvertrag. Es war ein sehr schöner Deal mit einem üppigen Lohn: Liebe, Aufmerksamkeit, Geborgenheit und Anerkennung. Das war lebenswichtig für mich.

Diesen Lohn erhielt ich jeden Tag, und in den Armen meiner Mutter litt ich keine Existenzängste, denn ihre Liebe war zuverlässig. Das Schöne an diesem Vertrag war, dass sie nicht viel Gegenleistung von mir erwartete. Mein Aufwand war sehr gering, nahezu null. Ich gab meiner Mutter ein Lachen oder Lächeln und schaute ihr tief in die Augen, was sie sofort glücklich machte.

Oft probierte ich Dinge aus, ohne darüber nachzudenken, und ging etwas schief, bekam ich zwar Ärger, aber das störte mich wenig, denn diesen Fehler vergaß ich schnell und konzentrierte mich wieder darauf, Spaß zu haben. Mir war auch egal, ob ich zu dick oder zu dünn war. Was andere über meinen Kleidungsstil dachten, interessierte mich kaum.

Doch im Alter von ungefähr fünf Jahren erkannte ich langsam, dass wir materiell verarmt waren und uns wenig leisten konnten. Bei mir hatte sich die Armut sehr deutlich gezeigt. Ich bekam diesen berüchtigten Hungerbauch. Wenn der Körper lange kein Essen bekommen hat, fehlen ihm wichtige Proteine, die im Blut das Wasser an sich binden. Ohne diese Stoffe fließt das Wasser frei im Körper und sammelt sich im Bauch. So entsteht schließlich diese Schwellung, die man Hungerbauch nennt.

Aber bis zu meinem sechsten Lebensjahr war ich trotz dieser Umstände ein glückliches Kind, denn den Lohn in Form der Liebe meiner Mutter erhielt ich immer noch zuverlässig. Ich habe mir niemals durch negative Gefühle oder Gedanken den Tag ruiniert. Selbst Hunger konnte mich nicht aufhalten. Das Einzige, was mir wichtig erschien, war das Spielen und Spaß haben im Leben. Ich wollte mich ohne fremde Hilfe jeden Tag glücklich sehen und nahm dafür jede Möglichkeit an. Wenn es nichts gab, habe ich eben meine Fantasie spielen lassen. Darüber hinaus erhielt ich von meinen Tanten und Onkeln Zuwendungen in Form von Aufmerksamkeit. So wuchs mein Selbstvertrauen. Ich stand dem Leben vorurteilsfrei gegenüber.

Und dann wurde ich älter, und es war Zeit für eine Art Beförderung. Ich erhielt einen neuen Vertrag. Diesmal stammte er nicht von meiner Mutter, sondern von der Vorschule und den anderen Kindern. Der Lohn war Anerkennung, Liebe und Aufmerksamkeit. Obwohl meine Mutter mir genug davon gab, veränderten sich ab diesem Augenblick allmählich meine Welt und die Sichtweise. Mir kam es so vor, als ob der Lohn der anderen Kinder und der Lehrer/-innen einen höheren Wert hatte. Damit konnte ich schneller mein Selbstwertgefühl steigern.

Aber dieser neue Vertrag hatte andere Bedingungen als der meiner Mutter. Er war mit viel Arbeit verknüpft, und ich bekam meinen Lohn nur dann, wenn ich diese Verpflichtungen erfüllte. Mir wurde beigebracht, was als richtig und als falsch angesehen wurde, was Menschen als schön und hässlich empfanden. Ich lernte, was man als aufrichtig und nicht anständig bewertete. Die Bedingungen an der Schule unterschieden sich sehr von denen bei meiner Mutter, sie waren viel härter. Hatte ich nicht das erfüllt, was sie verlangten, erhielt ich eine Strafe. Wurde ich laut oder versuchte, mich zu wehren, gab es keine Anerkennung mehr.

Einige Jahre später brach im Kongo ein Bürgerkrieg aus, und die Bevölkerung litt an einer Hungersnot. Mein Vater holte mich von Afrika nach Deutschland und rettete mich. Ich verlor den Lohn meiner Mutter, meiner Verwandten und meiner Schule. Ich war jetzt auf der Suche nach neuen Menschen, die mir Liebe und Aufmerksamkeit schenken konnten. Warum? Weil ich nie gelernt hatte, mich selbst glücklich zu machen. Ich dachte: Nur wenn mich andere lieben und mögen, bin ich wertvoll.

In der Bundesrepublik angekommen, fand ich neue Menschen, die mir diese Liebe geben konnten. Sie stammte von meinen Eltern und der Allgemeinheit. Ich wurde zwar nicht mehr geschlagen, wenn ich mich nicht an die Regeln hielt, aber der Deal hatte es in sich. Im Gegensatz zum afrikanischen Vertrag enthielt er jede Menge Seiten mit Erklärungen bis ins kleinste Detail. Obwohl der Lohn derselbe war, nämlich Anerkennung, Aufmerksamkeit und Liebe, war das System der Bezahlung in Deutschland anders. Hier wirst du nach Zahlen bewertet, in meinem Fall waren es meine Schulnoten. Je schlechter die Zahlen waren, umso geringer fielen Liebe und Anerkennung aus. Darüber hinaus musste ich mich bei meinen Mitschülern beweisen. Ich bekam das Gefühl, dass nur diejenigen, die hübsch aussahen und Markenklamotten trugen, von den Mädels beachtet und von den Jungs als »cool« wahrgenommen wurden.

Dann kam die Pubertät, und auf mir lastete blitzartig ein unheimlicher Druck. Plötzlich fing ich an, mir auch Gedanken über meinen Körper zu machen, über meine Kleidung, alles nur wegen der Anerkennung.

Ich dachte, es würde nur bei diesem einen Deal bleiben. Als ich die Grundschule verließ und in die Hauptschule wechselte, legte mir plötzlich mein Vater einen Vertrag auf den Tisch. Dieser verpflichtete mich, gute Noten zu schreiben, eine gute Ausbildung zu absolvieren, zu studieren und meine Eltern stolz zu machen.

Meine Unbefangenheit verlor ihre Jungfräulichkeit. Meine Gedanken drehten sich nur noch darum, all diese Verträge zu erfüllen, damit die Gesellschaft, die Mädels, die Lehrer und meine Eltern mich mit ausreichend Liebe, Beachtung und Respekt entlohnten. Als ich 18 Jahre alt wurde, folgte ein weiterer mit meiner Freundin, wonach ich ein guter Freund sein und sie glücklich machen sollte.

Ich verlor völlig das Gefühl für mich selbst.

Der Druck wuchs und wuchs.

Eines Tages saß ich erschöpft vom Leben am Esstisch, und überall lagen Verträge dieser Welt, egal wohin ich schaute.

Ich wurde zu einem dieser Menschen, die sich im Job ver-ausgabten, nur um besser zu sein als andere.

Dann kam es so, wie es kommen musste. Ich begann zu scheitern, viele Dinge funktionierten nicht so, wie ich es mir vorgestellt hatte. Es waren so viele Verträge, dass ich den Überblick verlor. Negative Gedanken verfolgten mich bei jedem Versagen. Ich fühlte mich schlecht und wertlos, weil ich es nicht schaffte, meine Abmachung einzuhalten. Mein Körper war zwar noch stabil, aber die Seele schwach und erschöpft.

Als ich mein Abitur nicht schaffte und mir in meiner Ausbildung gekündigt wurde, ich ohne Abschluss und ohne Plan im Leben dastand, war ich am Tiefpunkt ange-langt. Nun befand ich mich in der Abwärtsspirale aus ne-gativen Gedanken und Gefühlen. Ich war ein Versager, ein Niemand, jedenfalls fühlte ich mich so.

Durch den gesellschaftlichen Druck befinden wir uns in einer Art Hamsterrad. Wir sind umgeben von Anforde-rungen, die wir erfüllen müssen, aber nicht auf einmal er-fassen können. Dadurch werden wir zu Menschen, die ver-suchen, perfekt zu sein, und andere Meinungen zu wichtig nehmen. Wir sehen es als Schande an, Fehler zu machen. Das Scheitern lässt uns wie Verlierer aussehen.

Wie kann ich aber mit diesen Verträgen am besten um-gehen? Wie schaffe ich es, meine Gefühle und Gedanken trotz dieses Drucks positiv zu gestalten?

Sehr gute Frage, denn bevor wir zum Verhalten kommen, gebe ich dir jetzt erst einmal die wichtigen Tipps, wie du

Gefühle und Gedanken zu deinem Vorteil lenken kannst und negative Gefühle unter Kontrolle hältst.

1. Fehler zu machen ist ein Lernprozess

Als du ein Kind warst, wie oft musstest du hinfallen, um laufen zu lernen? Wie oft haben wir uns unsere Hände am heißen Herd verbrannt? Hast du dir als Kind dann tagelang Gedanken darüber gemacht, wie dumm du bist und warum du nicht die Finger davon gelassen hast? Nein, du hast am nächsten Tag weitergespielt, als wäre nie etwas passiert, und das Leben genossen. Trotzdem wusstest du, dass du lieber erst mal Abstand vom Herd halten solltest. Als Kind war es kein Fehler, den Küchenherd anzufassen. Warum? Weil du neugierig warst und das Anfassen für diesen Moment als richtig empfunden hast. Es sind die Erfahrungen, die uns reifen lassen, die Erkenntnisse, die uns stärken. Anstatt zu sagen: »Wie dumm ich doch war!«, sage ab heute:

»Ich habe aus dieser Sache gelernt und werde die Konsequenzen akzeptieren, um anschließend stärker zu werden und es besser zu machen.«

Anstatt deine Kraft für Schuldgefühle zu opfern, investiere sie lieber in einen Neubeginn. Du bist nicht falsch oder ein schlechter Mensch. Niemand wird mit einem Programm geboren, in dem alle richtigen Entscheidungen eingestellt sind.

Man kann es mit dem Führerscheinerwerb vergleichen. Wie oft bist du falsch abgebogen oder hast nicht richtig eingeparkt? Hast du danach gesagt, dass du es nicht wert seist, einen Führerschein zu besitzen? Nein, du hast deinen Misserfolg als Erfahrung mitgenommen und wusstest, dass und wie du es beim nächsten Mal besser machen musst und kannst.

Du machst Fehler, weil du ein Mensch bist.
Ein Mensch ist niemals fehlerlos.

Quäle dich nicht mehr mit Vergangenem. Ich bin in meinem Leben sehr oft auf die Schnauze gefallen, bis ich den richtigen Weg fand. Durch diese Erkenntnisse weiß ich jetzt, was ich tun muss, um meine Ziele und Wünsche, so gut es geht, zu erreichen, und was ich vermeiden sollte. Sei wie ein Kind, das sich am Herd verbrannt hat. Es weiß, dass die Entscheidung, den Herd anzufassen, falsch war und wird diesen Fehler so schnell nicht mehr machen, aber es quält sich nicht mit der Frage, wie dumm es gewesen sein muss. Denn das Leben bietet zu viele neue Möglichkeiten, um nur an Vergangenem festzuhalten.

Vergiss niemals diesen Satz:

»Ich habe aus dieser Sache gelernt und werde die Konsequenzen akzeptieren, um anschließend stärker zu werden und es besser zu machen.«

2. Vergib dir selbst deine Fehler

Es wird Zeit, dass du lernst, dir selbst deine Fehler zu verzeihen. Stell dir vor, du lernst einen Mann kennen, und jeder sagt dir: »Sei vorsichtig, er ist ein Betrüger und unehrlich«, aber du willst nicht darauf hören und kommst trotzdem mit ihm zusammen. Einige Monate später erfährst du, dass er andere Frauen neben dir hatte. Diese Erniedrigung ist kaum auszuhalten, und du gibst dir selbst die Schuld dafür, nicht auf deine Freunde gehört zu haben.

Um Erlösung zu erfahren und diese negativen Gefühle und Gedanken zu verbannen, ist es wichtig, dir selbst zu vergeben. Schreibe dir dazu erst einmal alle deine Schuldgefühle und Fehler auf, von denen du denkst, sie gemacht zu haben. Dabei kannst du deinen Emotionen freien Lauf lassen. Weinen hilft uns sehr, diese Gefühle zu verarbeiten und besser loszulassen. Wenn du das getan hast, nimm das Blatt Papier und zerschneide es in kleine Schnipsel. Wirf sie in einen Schuhkarton oder in eine Papiertüte und zum nächstmöglichen Zeitpunkt in die blaue Tonne als Symbol, dass du dich davon befreit hast.

～

Du hast das Recht,
dir selbst zu vergeben.

～

Das Vergeben nimmt dir vor allem diese Schuldgefühle, die dich immer wieder verfolgen und daran hindern werden, von vorn anzufangen und daraus zu lernen.

3. Negative Glaubenssätze ablegen

Glaubenssätze sind Überzeugungen, die dein Leben von Geburt an bis zum Tod begleiten. Sie wurden uns bereits in der Kindheit mitgegeben. Es sind die Regeln oder, besser gesagt, die AGB der Gesellschaft.

Obwohl es nur Meinungen sind, halten wir sie für die Realität, weil sie uns immer wieder gesagt wurden, sodass wir aufgehört haben, unsere Entscheidungen selbst zu treffen. Wir fällen sie so, wie man es von uns erwartet. Mit »man« meine ich die Eltern, die Partner, den Chef und viele andere.

Es gibt zwei Arten von Glaubenssätzen, die uns als Kind mitgegeben wurden.

Ich nenne sie:
Der Motivationskiller
Die Lebenspeitsche

Fangen wir mit dem ersten an.

Der Motivationskiller

Hier handelt es sich um Sätze, die uns seit unserer Kindheit regelmäßig begegnen.

Beispiele:

- Hör auf zu weinen!
- Bleib ruhig!
- Mach keinen Ärger!
- Sei nicht so laut!
- Ein Indianer kennt keinen Schmerz.
- Sei nicht immer so emotional!
- Das ist viel zu gefährlich!
- Geh da runter!
- Zeige anderen nicht, was du fühlst!
- Nimm dir ein Beispiel an ihm/ihr!
- Du darfst als Junge oder Mädchen nicht dies oder das machen.
- Du nervst!
- Lass es lieber sein, das wird nichts.
- Das wird sehr hart/schwer/unmöglich.
- Du bist zu nichts zu gebrauchen!
- Du hilfst nie im Haushalt!
- Du bist faul!

Neben diesen Beispielen hast du sicherlich schon viele andere gehört. Aber wir produzieren auch unsere eigenen Motivationskiller.

Beispiele:

- Ich bin einfach zu dumm dafür.
- Welche/r Frau/Mann will mich schon?
- Ich bin eben nicht so gut aussehend wie sie/er.
- Ich kann mir das nicht leisten.
- Ich bin alt geworden.

- Ich bin zu alt für dies oder das.
- Ich gerate immer an die falschen Männer/Frauen.
- Frauen wollen nur reiche und erfolgreiche Männer.
- Männer wollen nur Frauen, die diesen Körper oder dieses Aussehen besitzen.
- Ich werde dies oder das niemals schaffen.
- Der Traum oder die Vision ist viel zu weit weg/ zu schwer.
- Ich werde immer wieder enttäuscht.
- Ich muss viel härter arbeiten als andere.
- Ich bekomme nicht dies oder das, weil ich schwarz/weiß/arm bin.

Die Lebenspeitsche

Hierbei handelt es sich um Sätze, die einen sehr starken Stress und negativen Druck in uns erzeugen.

Beispiele:
- Mach es perfekt. /Sei fehlerlos in deiner Art.
- Du musst besser werden.
- Streng dich mehr an!
- Du musst schneller werden.
- Konzentrier dich mehr!
- Das ist zu wenig/zu viel.

All diese Aussagen führten dazu, dass ich mich als Versager, dumm, nicht schön und nicht perfekt sah, weil die Gesellschaft etwas anderes von mir erwartete, als ich leisten konnte. Also fing ich an, diese Glaubenssätze wie zum Beispiel, dass ich dies oder das nicht schaffen werde, weil ich zu schlecht oder zu dumm bin, zu verinnerlichen. Obwohl es sich nur um meine Gedanken handelte, manifestierten sie sich zu meiner Lebenseinstellung.

Doch für diese zwei Fälle existiert eine Lösung, die ich dir jetzt verraten werde. Ich wandelte die Gedanken zu meinen Gunsten einfach um. Ich habe aufgehört, die Sätze mit WARUM und ICH BIN zu beginnen.

Früher sagte ich sehr oft:
- WARUM passiert mir das immer wieder?
- WARUM bin ich nicht so hübsch oder erfolgreich wie die oder der?
- ICH BIN zu dumm dafür.
- ICH BIN nicht hübsch genug.
- ICH HABE nicht die Fähigkeiten.

All diese WARUM-Fragen sind keine konstruktiven Fragen, sondern Vorwürfe. Du gibst dir in solchen Sätzen immer wieder selbst die Schuld für dein Scheitern und dein erfolgloses Leben. Solche Aussagen bringen dich nicht weiter, sondern führen dich immer tiefer in die Welt der schlechten Gefühle.

Anstatt bei negativen Geschehnissen nach dem WARUM zu fragen, frage nach WIE, WO, WOHER, WIE VIELE und WAS. Diese Umwandlung brachte mich einen großen Schritt voran in Richtung des Ortes, an dem ich mich heute befinde.

Sage nicht:

- WARUM passiert mir das immer wieder?
- WARUM gehen alle Männer/Frauen fremd?

Frage lieber:

- WOHER will ich wissen, dass es wirklich alle Männer/Frauen sind?
- WIE VIELE habe ich kennengelernt, dass ich das behaupten kann?

Denn sonst müssten theoretisch auch **dein Großvater, dein Vater, deine Brüder, Onkel und Cousins Betrüger und ehrenlose Männer sein.**

Du siehst, wenn du nur weiterdenkst und die Fragen anders beginnst, dass solche Gedanken unlogisch und dir sowie anderen Menschen gegenüber nicht fair sind.

Betrachten wir auch noch folgende Aussage genauer:

- ICH BIN dumm.

Die Umwandlung könnte beispielsweise lauten:

- WOHER bin ich mir so sicher, dass ich dumm bin? Gibt es nichts, was ich in den letzten Jahren, Monaten und Wochen jemals richtig gemacht habe, wirklich gar nichts?
- WAS muss ich tun, damit mir diese Dinge seltener passieren? WAS muss ich an mir ändern?
- Für WEN muss ich denn immer perfekt sein?

Entschuldige, Keff. Du willst mir sagen, dass es mir nur durch die Umwandlung der Sätze wieder besser gehen kann? Das klingt viel zu einfach.

Ich weiß, dass es sich im ersten Moment sehr albern anhört, fast schon unglaubwürdig. Du hast das Recht zu zweifeln. Diese Aufgabe löscht nicht das Feuer in dir, aber sie hindert deine Gedanken daran, weiterhin Benzin über deine Seele zu gießen.

Negative Glaubenssätze verbieten dir, frei zu denken, und somit blockieren sie dir deinen Weg in die Seele und letztendlich zu deinen Gefühlen. Doch deine schlechten Behauptungen über dich stammen nicht von dir selbst, sondern sie wurden dir seit Jahren immer wieder zugeflüstert, und du hast sie irgendwann angenommen. Jetzt wird es Zeit, die Tür aufzumachen und sie aus deiner Wohnung zu entfernen, denn sie beschmutzen diese nur.

∼

Nicht das Geschehene lässt uns leiden, sondern die Gefühle und Gedanken an die Sache. Lerne deine Gefühle so zu lenken, dass du mit ihrer Hilfe nicht deinen Schmerz nährst, sondern deinen Horizont erweiterst.

∼

Blockiere sofort solche WARUM-/WIESO-/ICH-BIN-Sätze. Sage »STOPP!« zu deinem Kopf, und wandle sie in WAS-/WIE-/WO-Sätze um. Beginne noch heute damit! Nimm dir ein Blatt Papier, und formuliere all deine negativen Gedanken, die du in den letzten Wochen und Monaten hattest, schriftlich in WIE-/WO-/WAS-Sätze um.

Überlege dir dazu die richtige Antwort. Es muss nicht heute sein. Es muss nicht mal eine Lösung sein, aber ein Ansatz zur Verbesserung. Solche Übungen trainieren deinen Kopf, nach Lösungen zu suchen, anstatt die negativen Gefühle wie einen Schwamm aufzunehmen und daran zu zerbrechen.

Nachdem wir uns die Gedanken und Gefühle angeschaut haben, kommen wir jetzt zu deinem Verhalten dir selbst und anderen Menschen gegenüber. Wie stärkst du dein Selbstwertgefühl?

Mit diesen Tipps wirst du nicht nur selbstbewusster, sondern wirkst auch auf andere sympathischer und positiv.

1. Sei diszipliniert bei allem, was du tust oder tun möchtest

Wenn du einen Traum oder eine Vision hast, ist es wichtig, dass du die Kontrolle darüber hast. Das bedeutet, dass du zum Beispiel pünktlich zu vereinbarten Terminen erscheinst.

Bist du ein Mensch, der immer wieder zu spät kommt, musst du dich automatisch jedes Mal entschuldigen. Nicht nur, dass du von anderen negativ wahrgenommen wirst, durch diese Entschuldigung minderst du auch dein Selbstwertgefühl, und man wird dich als Geschäftspartner immer weniger ernst nehmen. Wer aber stets pünktlich ist, strahlt Vertrauen und Selbstkontrolle aus. Das steigert deinen Wert als Mensch.

2. Gib deine Schwächen zu

Wenn du etwas nicht kannst oder dich aus Angst oder Unwissen nicht getraut hast, etwas zu tun, solltest du vor allem dir selbst gegenüber diese Schwäche eingestehen. Ich habe früher immer nach Ausreden gesucht, warum ich das oder dies nicht kann, und habe dabei vergessen, die Verantwortung bei mir zu suchen. Meistens ist es so, wenn wir zum Beispiel bei einem Mädchen scheitern oder im Bewerbungsgespräch, dann kommen wir schnell in diese Opferrolle und geben anderen die Schuld.

Aber die Frage, die du dir immer zuerst stellen solltest, ist: Wie kann ich es beim nächsten Mal besser machen? Was hat gefehlt, um in dieser Sache erfolgreich zu sein?

Alleine schon dadurch, dass du dich das fragst, trainierst du dich, nach Lösungen anstatt nach Ausreden zu suchen.

3. Erweitere deinen Horizont

Wissen ist Macht. In der heutigen Generation werden wir so sehr von Streamingkanälen und sozialen Netzwerken abgelenkt, dass wir schnell vergessen, in unsere Bildung zu investieren. Nicht nur, dass intelligente Menschen attraktiver wirken, sie können auch bei vielen Themen mitreden, sind wissbegieriger und hören mehr zu. Und Menschen, die zuhören können, steigern ihren Wert, weil Menschen, die zuhören, gemocht werden.

Fang an, Bücher zu lesen, wenn du dich für bestimmte Themen interessierst, anstatt den ganzen Tag mit Filmen und Serien zu verbringen. Investiere in dich selbst, denn du bist das Wertvollste, was du besitzt.

4. Mach Sport und achte auf deine Ernährung

Du musst kein Superathlet werden, aber halte deinen Körper mit Sport und Ernährung gesund. Ein gesunder Mensch ist leistungsfähiger und dazu noch attraktiver. Sport steigert dein Selbstwertgefühl und bewirkt, dass du dich besser fühlst.

5. Such dir die richtigen Freunde aus

Zeige mir deine Freunde, und ich sage dir, wer du bist. Freunde sind dafür da, dass sie dir dabei helfen, das Richtige zu tun, so wie auch du ihnen helfen solltest. Dies zeigt sich nicht nur, indem sie dir erzählen, dass du erfolgreich sein wirst, sondern auch, wie sie sich in der Öffentlichkeit sowie im Leben verhalten.

Hast du Freunde, die kriminell, respektlos und großkotzig gegenüber anderen Menschen sind, färbt das schnell auf dich ab, und die Gefahr ist groß, dass du selbst zu so einem Menschen wirst.

Deshalb ist es sehr wichtig, dass du dir deine Freunde ganz genau aussuchst. Denn solche, die deinen Weg positiv begleiten und für dich eine Inspiration und Hilfe sind, werden dir dabei helfen, erfolgreich zu werden.

Wie aber kann ich sympathischer auf andere Menschen wirken und Freunde gewinnen?

1. Höre mehr zu und rede weniger

Egal ob du mit Freunden unterwegs bist oder ein Date hast, wenn du ein Mensch bist, der sehr viel redet, vor allem über sich, und nicht zuhört, wirst du irgendwann für andere nervig. Vor allem bei Dates mit Frauen ist es sehr wichtig, mehr zuzuhören, als zu sprechen.

Ich meine damit nicht, dass du gar nicht mehr reden darfst. Viele machen aber den Fehler, dass sie denken, sie müssten viel von sich erzählen, um interessant zu wirken. Doch Menschen, die aufmerksam auf jemanden eingehen, werden als angenehm und positiv wahrgenommen und machen sich automatisch interessanter. Dein Gegenüber will danach mehr von dir erfahren. Das bedeutet, wenn du in einer Gruppe oder bei einem Date bist, ist es wichtig, dass du erst mal Fragen stellst und aufmerksam zuhörst. Irgendwann wird sich dein Gegenüber verpflichtet fühlen, dir auch Fragen zu stellen. Aber auch da darfst du nicht dein ganzes Pulver verschießen, sondern solltest im Laufe des Gesprächs Stück für Stück von dir preisgeben.

Ich hatte mal ein Date mit einem wunderschönen Mädchen in Mannheim. Wir saßen in einem Restaurant, und ich habe einen einfachen Trick angewendet: Ich habe drei bis vier Fragen aufgeschrieben, die in einer Person positive Emotionen wecken sollten. Welche das sind, werde ich dir in diesem Raum noch verraten. Jedenfalls habe ich einfach nur zugehört und bei bestimmten Momenten der Erzählungen tiefer nachgehakt.

Ein paar Tage später, als wir telefonierten, hat sie mir gesagt, dass es das beste Date war, das sie jemals hatte. Obwohl ich nicht viel geredet, sondern nur aufmerksam zugehört hatte.

Wichtig ist, dass du ehrliches Interesse zeigst, kein geschauspielertes. Da ich allgemein gerne zuhöre, um dazuzulernen, fällt mir so was leicht.

Deshalb meine goldene Regel für dich:

Höre mehr zu, als zu reden!

2. Augenkontakt halten

Menschen, die beim Zuhören oder Sprechen jemandem direkt in die Augen schauen, wirken vertrauenswürdig, ehrlich und charmant. Deshalb ist es sehr wichtig, dass du deinen Mitmenschen beim Reden und Zuhören in die Augen schaust. Das zeigt ihnen, dass du ihre Worte ernst nimmst und ihnen deine volle Aufmerksamkeit schenkst. Das ist besonders wichtig bei Bewerbungsgesprächen.

Ich verstärke das Ganze immer, indem ich die Menschen in ihren Erzählungen, wenn sie etwas Wichtiges ausführen, bestätige: »Absolut richtig. Ich teile zu hundert Prozent deine Meinung.« Und ich nicke bei bestimmten Stellen, wenn ich merke, sie werden emotional. Und dabei ist es wichtig, immer ehrlich Zustimmung zu geben. Nicke nur oder stimme nur zu, wenn du es auch wirklich so meinst.

Obwohl ich bei vielen Gesprächen immer weniger geredet, mehr zugehört und Augenkontakt gehalten habe, haben schon sehr viele Menschen zu mir gesagt, dass man sich sehr gut mit mir unterhalten könne. Nutze diese Taktiken für die nächsten Gespräche.

3. Sage ihre Namen

Menschen mögen es, ihre Namen zu hören. Deshalb ist es sehr wichtig, dass du die Namen deiner Gesprächspartner erfragst und sie auch im Kopf behältst.

Wenn ich mit mehreren Leuten im Gespräch bin, mache ich es mir immer zur Aufgabe, den Namen meines Gegenübers auszusprechen, wenn sich die Möglichkeit ergibt. Sagt zum Beispiel jemand etwas Interessantes, dann antworte ich darauf: »Ich bin genau deiner Meinung, Jenny«, oder: »Aylin hat was ganz Wichtiges gesagt, was ich gerne ergänzen würde.« Auf diese Weise fühlt sich dein Gegenüber wahrgenommen und geschätzt.

4. Vermeide Diskussionen, verletze keine Gefühle und wecke keine negativen Gefühle.

Wenn du bei Gesprächen nicht unsympathisch wirken möchtest, dann vermeide Themen, die einen Menschen verletzen oder in ihr oder ihm negative Gefühle wecken könnten.

Ich meide grundsätzlich bei Fremden oder Arbeitskollegen Themen wie Armut, Krieg, Politik und Religion. Nicht dass du solche Gespräche nicht führen darfst, doch beim ersten Kennenlernen sind es Themen, bei denen schnell Gefühle verletzt werden könnten.

Deshalb vermeide folgende Themen bei einem Gespräch:

- Tod
- Krieg
- Religion

- Verbrechen
- Armut
- Politik
- Terrorismus

Mit folgenden Gesprächsthemen wirst du interessanter und das Gespräch auch:

Wenn du dich in einer Gruppe befindest, neue Leute kennenlernst oder ein Date hast, kannst du mit diesen Fragen direkt Sympathiepunkte sammeln.

Meistens startet das Gespräch mit: »Woher kommst du, und was machst du so in deinem Leben?« Das Problem bei solchen Fragen ist, dass sie wenig Emotionen auslösen, da es Standardfragen sind und deinem Gegenüber diese Fragen schon tausendfach gestellt worden sind.

Gefühle bei deinem Mitmenschen hervorzurufen ist bei einem Gespräch sehr wichtig. Deshalb könntest du folgende Frage stellen: »**Was sind denn so deine drei Lebensziele?**« Damit stellst du der Person eine Frage, die sie nicht gewohnt ist. Der Mensch ist gezwungen, erst mal selbst zu überlegen, was er vom Leben will. Oft passiert es sogar, dass er oder sie es selber nicht weiß und peinlich berührt ist.

Wenn dein Gegenüber aber drei Lebensziele benennt, darunter zum Beispiel: »Ich würde gerne ein Haus am Strand haben«, könntest du wiederum fragen: »Warum ganz genau ein Haus am Strand? Und wenn du es aussuchen könntest, wo wäre das Haus genau, in welchem Land?«

Damit hast du die Person emotional auf Hochtouren gebracht, und die Unterhaltung wird spannender.

Wichtig ist auch, Menschen so oft es geht Komplimente zu machen. Und das auch bei gleichgeschlechtlichen Personen, vor allem, wenn es um das Aussehen geht. Übertreibe aber nicht, damit es nicht zu schleimig wird.

Folgende Themen wirken positiv auf deine Gesprächspartner:

- Letzter Urlaub
- Orte, die man besuchen möchte
- Wünsche
- Träume
- Lebensziele
- Hobbys
- Freizeitaktivitäten

Das A und O ist freundliches Auftreten. Immer ein Lächeln auf den Lippen haben, Danke und Bitte sagen und Positivität schenken.

Das war ein kleiner Vorgeschmack auf das Verhalten gegenüber deinen Mitmenschen. Es gibt natürlich noch viel mehr Tipps und Tricks, und wenn du dich stärker dafür interessierst, werde ich dir anschließend gleich einige Bücher empfehlen, die dir bei diesem Thema sehr helfen werden.

FAZIT / LETZTE WORTE

Emotionen gehören zu dir, sie sind im ersten Moment weder schlecht noch gut. Betrachte sie als Reaktion auf äußere Einflüsse und manchmal auch als Warnung. Das Geheimnis des zweiten Raumes besteht darin, sie zu erkennen und so zu lenken, dass sie dir nicht mehr schaden, sondern zu einem besseren, zufriedeneren und glücklicheren Leben verhelfen.

Seit ich verstanden habe, wie ich auf diverse Situationen reagiere oder reagiert habe und warum, kann ich vieles besser reflektieren und verstehen. Diese Einsicht half mir enorm, aktiv an meinem Verhalten zu arbeiten. Du wirst dich binnen der nächsten Tage, Wochen und Monate nicht sprunghaft ändern und einen zufriedenen Menschen aus dir machen können. Vielmehr handelt es sich um einen Prozess, vergleichbar mit einer Treppe, bei der jeder Schritt auf eine neue Stufe viel Kraft kostet. Deshalb ist es wichtig, dich dabei nicht unter Druck zu setzen. Du bist nicht falsch, sondern befindest dich in einem Lernprozess, der dein Leben lang andauern wird. Auch ich lerne regelmäßig noch etwas über meine Gedanken und Gefühle dazu und freue mich jedes Mal über neue Erkenntnisse. Habe Freude daran, deine Seele und deine Empfindungen kennenzulernen, ebenso wie die deiner Freunde, Familie und Partner, um auch ihnen eine Stütze zu sein.

Der größte Kampf im Leben besteht darin, uns selbst mit all unseren Fehlern und Unvollkommenheiten kennenzulernen und zu akzeptieren. Viele von uns wurden von der Gesellschaft und ihren Verträgen so abhängig gemacht, dass ihnen das Wissen darüber fehlt, ihren eigenen Wert durch Selbstliebe und Akzeptanz zu vermehren. Wertschätzung ist etwas, das du dir nicht bei anderen Menschen erkämpfen musst. Tue Dinge, die dich glücklich machen könnten, denn das Leben besteht größtenteils aus versuchen und experimentieren. Wenn du das verinnerlichst, wirst du feststellen, dass die Anerkennung automatisch kommt.

~

Die schönste Wertschätzung ist die,
die von dir selbst stammt,
denn bei ihr kannst du dir
hundertprozentig sicher sein,
dass sie echt ist.

~

Sei offen für neue Dinge und vor allem mutiger für Ideen, die in deinem Kopf existieren. Viele von uns stehen vor zahlreichen Herausforderungen im Leben und leiden zusätzlich an einer großen wirtschaftlichen Unsicherheit. Diese Belastungen können derart schlechte Gefühle in uns erzeugen, dass wir an uns und unseren Visionen zweifeln.

Das ist normal, denn dein inneres Ich möchte dich vor Problemen schützen und dich auf den sicheren Pfad lenken. Aber Träume und der sichere Weg passen leider nicht immer zusammen. Um das zu erkennen, benötigst du Mut, Selbstvertrauen und Wissen. Eigne dir diese Werkzeuge in den nächsten Räumen an.

Ich brachte den Mut auf, die Verträge der Gesellschaft zu zerreißen, denn sie redeten mir ein, mein Deutsch wäre zu schlecht für das Bücherschreiben. Sie schrieben mir vor, ich solle den sicheren Weg wählen, eine Ausbildung oder ein Studium abschließen, 40 Jahre lang arbeiten und dann in die Rente gehen. Ich ging lieber meinen eigenen Weg. Um das zu tun, musst du nicht unbedingt deine Ausbildung respektive das Studium hinwerfen oder den Job kündigen, wenn du ihn liebst. Aber eine Frage solltest du dir immer stellen:

Tust du das, was du gerade tust, nur, um deine Familie und den Staat zufriedenzustellen oder für dich?

Wenn du antwortest, du tust es für dich, dann bist du auf dem richtigen Weg.

Wenn du sagst, du tust es für andere, dann bist du auch auf dem richtigen Weg.

Warum?

Weil du in beiden Fällen erkannt hast, was du wirklich willst, und nur das zählt.

VOR DEM RAUM

Willkommen im Raum »Tod«.

Wieso hast du dich entschieden, einen Raum zu erschaffen, der sich mit so einem schlimmen Thema beschäftigt, Keff?

Ja, es stimmt, der Tod ist ein sehr schmerzliches Thema, mit dem sich viele Menschen nicht beschäftigen möchten. Ein solches Ereignis trifft uns hart, und wir sind plötzlich mit Gefühlen konfrontiert, die wir bis dato nicht kannten.

Der Tod eines geliebten Menschen ist aber ein Lebensabschnitt, den jeder irgendwann erleben wird. Wenn jemand von uns geht, den wir sehr geliebt haben, keimen in uns Emotionen wie Trauer, Schuldgefühle, das Gefühl von Ungerechtigkeit und vor allem Wut auf die Welt und auf Gott auf. Und dann machen viele von uns den Fehler, dass sie es durch Arbeit, Tabletten oder Alkohol verkraften oder verdrängen wollen. Es spielt dabei keine Rolle, wie lange es schon her ist; wenn du dieses Kapitel niemals verarbeitet hast, wirst du bei jedem Foto, jeder Namensnennung oder in deinen Träumen immer wieder leiden.

In diesem Raum werde ich mit dir gemeinsam dieses Thema aufgreifen. Wir kommen nicht drum herum, uns mit diesem Umstand zu beschäftigen, wenn du dich endlich von diesem Schmerz befreien möchtest. Zu wissen, wie man in so einer Situation mit sich und anderen umgehen sollte, ist elementar wichtig auf unserem Weg in ein erfolgreiches, zufriedenes Leben. Denn der Tod wird immer ein Teil unseres Lebens sein, bis es uns selber irgendwann treffen wird.

Nimm diesen Raum an, denn kaum etwas anderes wird dich so schmerzlich aufwühlen wie der Tod eines geliebten Menschen. Wenn du aktuell nicht selbst davon betroffen bist, kannst du durch das Wissen, was du in diesem Bereich dazugewinnen wirst, vielleicht anderen helfen, einen Trauerfall zu verarbeiten.

Wer sich mit dem Thema »Tod« beschäftigt, der beschäftigt sich automatisch mit dem Thema »Leben«.

Und jetzt öffne die Tür, wenn du bereit bist.

RAUM 3

Der Tod

Besonders geeignet für alle Personen.

Warum ist das Thema »Tod« so unangenehm?

Die Gesellschaft hat es zu einem Tabuthema gemacht. Wer spricht schon gerne bei einem Familientreffen, in einer Bar oder mit Freunden über den Tod? Es löst ein unangenehmes Gefühl aus und wird deshalb lieber vermieden.

Wie soll man überhaupt auf so etwas angemessen reagieren, außer mit einer Beileidsbekundung, wenn jemand erzählt, dass seine Eltern gestorben seien? Kaum jemand würde neugierig fragen: »Was ist genau passiert?« Die Thematik wird schnell vom Tisch gewischt.

Im Falle des Todes unserer Liebsten versuchen wir deshalb nach dem ersten Schock, die Trauer und die Wut zu verbergen. Wir verdrängen oder leugnen diese Gefühle. Wir wollen uns einfach nicht zu lange mit dem Schicksalsschlag belasten. Wie oft haben wir schon von Personen gehört, die bei diesem Thema gesagt haben: »Ich möchte nicht darüber reden«? Und das ist vollkommen nachvollziehbar. Wer möchte schon über schmerzliche Erfahrungen reden?

Nach dem Tod von geschätzten Charakteren müssen wir uns alle damit anfreunden, dass diese Person nie wieder zurückkommt, und das, wonach wir streben, ist, diesen

Schmerz im Herzen endlich nicht mehr zu spüren. Auch wenn es für dich jetzt unglaubwürdig klingt, aber es ist möglich, die Trauer und den Schmerz zu überwinden und sogar über die Verstorbenen zu reden, ohne zu sehr oder gar nicht darunter zu leiden.

Der erste Schritt, den wir machen sollten, ist, den Tod nicht als Fremdkörper zu betrachten. Viele Menschen denken, wenn sie sich mit dem Thema »Tod« nicht beschäftigen, wird es einen auch nicht so schnell treffen. Aber das Traurige ist, früher oder später wird es jeden von uns treffen. Wieso also nicht darauf vorbereiten?

Warum aber dieser Raum genauso emotional für mich gewesen ist, liegt daran, dass ich selbst sehr oft mit dem Tod konfrontiert worden bin.

Denn auch ich musste mich früh mit dem Thema »Tod« beschäftigen.

Ich bin in einem Land geboren, wo ich das Sterben von Menschen jeden Tag mit ansehen musste. Kriege, Hungersnot und Krankheiten nahmen vielen Menschen in Afrika das Leben, darunter Familienmitgliedern und Freunden. Auf dem Weg zur Schule sah ich jede Menge Leichen obdachloser Männer, Frauen und sogar Kinder. Mein bester Freund aus Kindertagen ist an körperlichem Missbrauch durch seine Eltern gestorben. Einer meiner Onkel ist an Krebs verstorben.

Ich habe den Tod gehasst und wollte mit diesem Thema nichts zu tun haben, weil er mir so viel seelischen Schmerz brachte.

Vor dem Tod kann niemand wegrennen.
Er kennt weder Raum noch Zeit.

Vor knapp zehn Jahren lernte ich online ein Mädchen kennen. Wir verstanden uns super, tauschten Nummern aus und telefonierten fast jeden Tag miteinander. Ich war verliebt in sie, in ihre Art und ihr Aussehen. Wir hatten irgendwann unser erstes Treffen geplant. Eine Woche bevor wir uns treffen wollten, erfuhr ich aus den Nachrichten, dass sie von ihrem Ex-Freund mit mehreren Messerstichen getötet worden war. Sie war erst 17 Jahre alt. Einige Wochen vorher hatte sie mir noch erzählt, wie ihre Zukunftspläne aussähen, dass sie ihr Abi schaffen wolle, um danach zu studieren. Und im nächsten Augenblick war sie tot.

Obwohl ich mich nie mit ihr getroffen hatte, löste ihr Tod durch unsere intensiven Gespräche und unsere Whats-App-Nachrichten einen schweren Schock in mir aus. Ich konnte nächtelang nicht schlafen, nichts essen. Für mich schien ihr Tod keinen Sinn zu ergeben.

Ich fiel in eine Art schwarzes Loch. Es ging sogar so weit, dass ich von ihrem Tod träumte, wie sie blutüberströmt am Boden lag und um ihr Leben flehte. Ich fing an, mir die Schuld für ihren Tod zu geben. Hätte ich sie vielleicht warnen können, sie vor ihrem Ex-Freund retten können? Bei einem Arzt, den ich wegen Magenbeschwerden aufsuchte, brach ich heulend zusammen, weil der Schmerz und der Druck in der Seele zu groß waren.

Es war ein schmerzvoller, langer Prozess, den Tod dieses Mädchens zu verarbeiten. Ich habe viel Zeit gebraucht, um dieses Leid zu überwinden und ihren Tod anzunehmen. Blöderweise ist der Schmerz, den man in sich hat, keine Blessur, die man mit einem Verband heilen kann. Es ist eine Wunde im Herzen, die nur mit bestimmtem Verhalten und Übungen Stück für Stück geheilt werden kann. Und das Schlimmste ist, dass wir meistens allein mit dieser Trauer sind. Wenn wir im Bett liegen und an diese Person denken müssen, bei der Arbeit oder beim Essen, fühlt niemand in dieser Sekunde, was wir fühlen, und so fühlen wir uns unglaublich allein.

Aber zu versuchen, es zu unterdrücken, bringt uns irgendwann an einen Punkt, wo wir daran zerbrechen können. Und dadurch kann auch eine Familie oder Partnerschaft zerfallen.

∽

Schwach zu sein,
nachdem jemand gestorben ist,
ist keine Schande.
Es zeigt, dass du ein Mensch
mit Gefühlen bist.

∽

Wenn wir uns von einem geliebten Menschen verabschieden müssen, durchlaufen wir fünf Stationen. Stell dir das Ganze wie eine Zugfahrt vor. Unser Ziel wird die fünfte und letzte Station sein.

Hier sind die fünf Stationen, die wir gemeinsam erreichen werden.

Station 1: Der Schock

An der ersten Station erfährst du von dem Tod dieser Person und befindest dich in einem Schockzustand. Du willst es nicht wahrhaben, dass diese Person gegangen ist, und dabei spielt es keine Rolle, ob du es kommen gesehen hast oder nicht. Manche brechen in Tränen aus, andere wiederum zeigen vor Betroffenheit keine Emotionen. Wie versteinert reagieren sie auf die Nachricht. Es wirkt für dich wie ein Traum, und du fragst dich jeden Tag, ob es wahr ist.

Station 2: Unkontrollierte Gefühle

Die Emotionen übernehmen deinen Körper. Du fängst an, die Welt als ungerecht zu empfinden. Wut auf das Leben keimt in dir auf, du fängst vielleicht an, an Gott und seiner Liebe zu zweifeln. Die Gefühle sind ein Mix aus Panik, mit diesen Qualen nicht klarzukommen, und Hilflosigkeit, weil du für deinen Schmerz keine Lösung siehst. Schuldgefühle werden immer stärker, weil du nicht verhindern konntest, dass die Person stirbt. Einsamkeit übermannt dich, weil du denkst, dass keiner deine Gefühle versteht. Nicht nur seelisch, sondern auch körperlich geht es dir immer schlechter. Dein Hungergefühl nimmt ab. Schlaflosigkeit quält dich. Unkonzentriertheit macht dir das Leben schwer. Magenprobleme bis hin zu Kopfschmerzen plagen dich. Diese Phase kann ein paar Wochen und sogar Monate andauern.

Station 3: Kontrolle der Gefühle

Du fängst langsam an, den Tod dieses Menschen zu akzeptieren. Deine körperlichen Beschwerden nehmen langsam ab. Du kannst wieder Stück für Stück deinen Hobbys nachgehen. Du entwickelst Hoffnung, dass es ohne diese Person weitergehen kann.

Station 4: Neue Harmonie; du fängst an zu blühen

Der Schmerz hat nachgelassen, wenn du über die verstorbene Person sprichst. Du erinnerst dich an schöne Momente, und dabei kannst du sogar wieder lächeln. Du hast angefangen, dein Leben wieder neu zu sortieren. Du fängst an zu blühen, und in dir kommt wieder Freude auf.

Station 5: Neues Leben, neues Glück

An der letzten Station steigst du gestärkt aus. Du suchst nicht mehr nach dem Sinn dieses Unglücks. Du hast damit abgeschlossen und hast für dein eigenes Leben eine Perspektive gefunden. Du hast Wünsche und Träume, die du jetzt verfolgen möchtest. Du gehst wieder in den Urlaub, vielleicht ins Fitnessstudio, probierst neue Dinge aus. Du hast eine neue Stärke, bist gereift und gewachsen. Dein neues Leben kann jetzt beginnen.

An manchen Stationen wirst du länger verweilen, vielleicht Wochen oder Monate. Du wirst nicht sofort mit mir zur nächsten Station fahren, und das ist okay. Du hast das Recht, länger zu leiden, wenn du es willst. Vergiss niemals: Du leidest, weil du ein Mensch bist, und ich werde für dich da sein. Gemeinsam werden wir diesen Raum bewältigen. Ich will, dass du wieder glücklich bist, denn auch ich habe viel geweint, als geliebte Menschen starben.

~

Deine Tränen sind meine Tränen,
und meine Tränen sind deine Tränen.

~

Ich habe eine Frage, Keff. Auch bei mir ist ein geliebter Mensch verstorben, und ich habe sehr viele Tränen vergossen. Aber es gibt Menschen, die fast gar keine Emotionen zeigen, die gut damit umgehen können. Warum bin ich so schwach und andere so stark?

Dabei spielen mehrere Faktoren eine Rolle. Es kommt darauf an, welche Rolle diese Person in deinem Leben gespielt hat, wie sehr dieser Mensch dein Leben beeinflusst hat, ob du jung oder alt bist und welche Erfahrungen du bis jetzt mit dem Tod gemacht hast.

Wenn du eine starke Bindung zu deinem verstorbenen

Vater hattest, ist der Schmerz größer und intensiver, als wenn dein Vater nie für dich da gewesen wäre. War es eine Person, der du Dinge anvertrauen konntest, ein Mensch, der dir sehr oft geholfen hat? Sobald die Bindung stark war, ist auch der Schmerz stärker. Das sieht man zum Beispiel, wenn Eltern ihre Kinder verlieren, was allgemein eine sehr schlimme Sache ist. Bei Müttern, die ihr Kind verloren haben, hört man oft von innerer Trauer über den Verlust, da sich schon im Mutterleib eine Bindung gebildet hat.

Eine Rolle spielt dabei auch, ob jemand plötzlich oder vorhersehbar gestorben ist. Wenn ein Mensch zum Beispiel an Krebs verstorben ist und die Familie wusste, was auf sie zukommen würde, hat man sich Stück für Stück auf diesen Schmerz vorbereitet und sich verabschieden können.

Es gibt auch Menschen, die so oft geliebte Menschen beerdigen mussten, dass sie sich an den Verlust »gewöhnt« haben, auch wenn es schrecklich klingt.

Es gibt auch Menschen, die nicht vor anderen weinen können und all ihre Gefühle erst frei herauslassen, wenn sie allein sind, und wir denken nur, sie seien unheimlich stark.

Bevor wir diesen Weg der Bewältigung von Trauer nach einem Todesfall gehen, musst du wissen, dass dieser Raum nur als Anstoß und als eine Art Verbandskasten für deine Wunde im Herzen dienen kann. Damit sie aber geheilt wird, brauchst du vielleicht noch detailliertere Erklärungen oder gar professionelle Hilfe.

Station 1: Der Schock

Nimm deine Trauer an!

Um diesen Todesfall zu verarbeiten, musst du die Trauer erst mal annehmen. Du bist nicht falsch oder dumm, wenn du dich tagelang im Zimmer einsperrst und nur noch weinen möchtest. Dein Körper reagiert so, weil er dich schützen möchte. Wenn du dich geschnitten hast, wird dein Körper alles daransetzen, diese Wunde zu schließen. Dasselbe macht er auch, wenn du dich innerlich geschnitten hast. Dein Körper versucht durch das Ausbrechen der Gefühle, deine Wunde zu schließen. Deshalb lass die Trauer zu, gib dir Zeit zu trauern. Wähle dir zum Beispiel bestimmte Tage und eine bestimmte Uhrzeit dafür aus; das kann auch nachts alleine im Bett oder beim Psychologen sein.

～

Tränen säubern dein Gesicht
für das Lächeln danach.

～

Akzeptiere den Tod dieser geliebten Person.

Wir verfallen bei Todesfällen schnell in diesen Nicht-wahr-haben-wollen-Modus. Wir sagen uns immer wieder, dass das nicht sein könne, dass es nicht wahr sei, und hoffen, es sei nur ein Albtraum. Um aber den Schmerz zu verarbeiten, ist es wichtig, dass du akzeptierst, dass der Mensch gegangen ist und du ihn in diesem Leben nie wiedersehen wirst. Ich weiß, dass dieser Gedanke schmerzhaft ist und falsch klingt, aber lass diese Gedanken den Weg in dein Herz finden. Denn nur wenn du diese Tatsache annimmst, wird die Wunde langsam anfangen sich zu schließen. Sage es dir selbst immer wieder:

»Du bist gegangen, und ich werde dich in diesem Leben nicht wiedersehen.«

Wenn du ein gläubiger Mensch bist, kannst du hinzufügen:

»Du bist gegangen, und ich werde dich erst im nächsten Leben wiedersehen.«

Die Akzeptanz, dass die Person verstorben ist, ist der erste Schritt zur Besserung.

Sprich über deine Gefühle und den Tod!

Gib deinem Herzen Luft, indem du mit Eltern und Freunden über das Geschehene redest. Nimm dabei kein Blatt vor den Mund. Den Tod als Tabugespräch zu bewerten hindert dich daran, vernünftig zu trauern. Nimm Hilfe von Freunden, Psychologen und Familienmitgliedern an. Wenn sie mit dir über das Geschehene sprechen möchten, dann hindere dich selber nicht daran. Nimm dieses Angebot an!

Jedes Gespräch ist wie ein Ventil, das den Druck im Herzen wegnimmt.

Station 2: Unkontrollierte Gefühle

In dieser Station fühlst du dich hilflos und allein, im nächsten Moment bist du wütend und sauer, weil die Person dich einfach allein in diesem Scherbenhaufen zurückgelassen hat. An manchen Tagen hast du Schuldgefühle: Hättest du diesen Tod vielleicht verhindern können? Du erinnerst dich an euren Streit und bist sauer auf dich, weil du diese Person kurz vor ihrem Tod schlecht behandelt hast. Du fühlst dich körperlich sehr schwach und hast Schlafprobleme.

Das sind die Dinge, die du jetzt tun könntest:

Schreibe deine Gedanken und Gefühle auf einem Blatt Papier auf.

Ich weiß, dass du in dieser Sekunde am liebsten den ganzen Tag im Bett liegen und nur noch weinen möchtest. Wenn du aber Wut, Trauer und Schuldgefühle verspürst, ist es wichtig, diese aufzuschreiben.

Wenn du wütend auf die Person bist, könntest du zum Beispiel schreiben:

»Es schmerzt unendlich, dass du mich verlassen hast. Du hast mich in diesem Scherbenhaufen liegen lassen. Schau, wie ich am Verbluten bin. Wieso hast du mich allein gelassen? Ich spüre unendliche Wut – Wut auf die Welt, Wut auf Gott. Er hat mir einen Menschen genommen, den ich über alles geliebt habe. Die Welt ist ungerecht, Gott ist ungerecht!«

Schreibe auf, wie du dich fühlst. Es ist okay, in deinem Text sauer zu werden, zu schimpfen, dir selbst Vorwürfe zu machen. Schreib alles auf, was du denkst und fühlst. Es ist okay, es gehört zur Verarbeitung dazu.

»Ich wünschte, ich hätte es verhindern können, irgendetwas tun können, damit du weiterleben kannst. Ich hätte dich vielleicht warnen können, dir noch einmal sagen müssen, dass ich dich liebe. Es tut mir so leid, dass du von uns gehen musstest.«

Wenn du all diese Worte aufgeschrieben hast, lies sie jeden Tag und spüre noch mal diese Wut und diese Trauer in dir. Wenn du irgendwann beim Lesen keinen großen Stich mehr im Herzen verspürst, nimm das Blatt mit dem Text, zerschneide es in kleine Stücke und wirf diese in den Mülleimer.

Moment, Keff, warum soll ich sie wegwerfen und nicht aufbewahren als Erinnerung?

Das Entsorgen symbolisiert den Abschied von diesen Gefühlen. Damit schließt du Stück für Stück ab.

Vergib dir.
Um deine Schuldgefühle zu verlieren, musst du dir vergeben können. Die Wut auf dich selber, vielleicht nicht genug oder das Falsche getan zu haben, quält dich sehr. Durch die Vorwürfe verfällst du schnell in eine tiefe Trauer.

So weit muss es aber nicht kommen. Die Art, wie du den Satz beginnst, ist das Geheimnis, um deine Schuldgefühle zu überwinden. Anstatt zu sagen: »**Ich hätte mehr machen müssen**«, änderst du deine Worte in: »**Ich habe mein Bes-**

tes gegeben.« Solche Satzänderungen erzeugen ein anderes Gefühl der Trauer, das ins Positive weist.

Vergib dir, dass du nicht immer stark warst. Vergib dir, dass du nicht immer perfekt warst. Vergib dir, dass du die andere Person nicht vor dem Tod bewahren konntest.

Körperliche Beschwerden

Gesundheitsbeschwerden sollte man unbedingt ernst nehmen. Aber versuche nicht, das Ganze nur mit Medikamenten zu beeinflussen, sondern auch mit Ernährung, und vor allem Yoga kann ich sehr empfehlen. Im Raum »Ernährung und Gesundheit« werde ich etwas genauer darauf eingehen und erklären, wie falsche Nahrungsmittel unser Wohlbefinden negativ beeinflussen können.

Folgendes solltest du unbedingt bei einem Todesfall, der mit körperlichen Beschwerden einhergeht, vermeiden:

1. Fast Food
2. Alkohol und andere Drogen
3. Tabletten
   Vermeide, wenn es möglich ist, Tabletten, um dich besser zu fühlen oder besser zu schlafen. Diese Substanzen können dich schnell abhängig machen und deinen Heilungsprozess verlangsamen oder sogar ausbremsen.

Station 3: Kontrolle der Gefühle

Der Schmerz über den Verlust reduziert sich. Du fängst langsam an, zu verstehen und zu akzeptieren, dass der Tod zu uns gehört und du nichts daran ändern kannst. Du beginnst, am Ende des Tunnels wieder Licht zu sehen. Du denkst nicht mehr so oft an den Verstorbenen. Es gibt Tage, da kannst du dich wieder auf wesentliche Dinge konzentrieren, ohne unter negativen Gefühlen zu leiden. Du fängst an, dir neue Aktivitäten anzuschauen. Dein Körper fängt an, sich zu erholen. Schlaflosigkeit sowie andere Beschwerden nehmen ab. Wenn du zum Beispiel dein Kind, deine Schwester oder deine Eltern verloren hast, kannst du darüber sprechen, ohne emotional zusammenzubrechen.

Das solltest du jetzt tun:
In dieser Station fängt dein Körper an, sich zu regenerieren, und es wird Zeit, dass du dich Stück für Stück von deiner Trauer und deinen Gedanken verabschiedest. In dieser Phase hast du zwar akzeptiert, dass der Verstorbene nie wieder zurückkommt, aber ab und zu kann es passieren, dass du dich schuldig fühlst. Warum? Weil es dir jetzt wesentlich besser geht und du dieses Gefühl als nicht richtig empfindest. Das Leben wurde einer geliebten Person genommen, und du bist hier und lachst und genießt das Leben. Du fängst an, dich in manchen Situationen schlecht zu fühlen. Solche Gefühle entstehen, weil du dich nie richtig von der Person verabschiedet hast. Dieser Schritt des Abschiednehmens ist wichtig, um endgültig abzuschließen und frei zu sein.

Aber wie soll ich Abschied von jemandem nehmen, der gestorben ist?

Indem du einen oder mehrere Abschiedsbriefe schreibst. Als Sophie damals getötet wurde und ich mich an der dritten Station befand, konnte ich allmählich wieder atmen, aber ich schämte mich für mein Leben, während ihres genommen wurde. Ich konnte kaum schöne Dinge genießen, ohne an sie zu denken. Also nahm ich mir ein Blatt Papier und schrieb meine Gefühle und Gedanken auf.

Ich schrieb ihr, wie leid es mir täte, dass sie so jung sterben musste, und dass es mir noch mehr leidtäte, dass sie ermordet wurde. Sie hatte es nicht verdient; keiner hat es verdient, so zu sterben. Und dabei kamen mir sehr viele Tränen. Ich entschuldigte mich auch, dass ich nicht für sie da sein konnte. Ich entschuldigte mich, dass ich so schwach war, dass ich ihr nicht genug Kraft gegeben hatte. Abends vor dem Schlafengehen nahm ich die Briefe, postete sie auf Instagram oder las sie mir nochmals vor. Ich weinte und weinte, bis irgendwann beim Lesen keine Tränen mehr flossen. Ich habe buchstäblich den Schmerz ausgespült.

Dann habe ich etwas gemacht, was vielen schwerfällt, aber wichtig für den weiteren Weg ist: Ich habe mich von privaten und persönlichen Dingen getrennt, die mich an sie erinnerten. Es ist wichtig, sich von Gegenständen zu verabschieden, die eine sehr emotionale Reaktion herbeirufen könnten. Natürlich musst du dich nicht von gemeinsamen Bildern verabschieden, vor allem nicht, wenn es dein Kind oder deine Eltern sind. Aber Dinge wie Kleidung und Schmuck solltest du verkaufen oder spenden. Das Entfernen solcher Dinge symbolisiert auch den Abschied von Trauer und Schmerz.

Ich habe zum Beispiel damals alle SMS sowie WhatsApp-Nachrichten von Sophie gelöscht. Alles, was mich an den Schmerz erinnerte, habe ich entfernt. Diese Entscheidung half mir extrem, mich von meinen Schuldgefühlen zu befreien.

Station 4: Das Aufblühen

In dieser Phase hast du erkannt, dass du fähig bist, ohne die verstorbene Person zu leben.

Du hast verstanden, dass das Zeigen von Gefühlen wie Trauer und Wut zu deinem Leben dazugehört und dass es keine Schwäche ist, sondern Stärke bedeutet. Du hast erkannt, dass du als Mensch Fehler machen darfst und über deine Gefühle reden kannst. Seelische Unterstützung bei Problemen beginnst du anzunehmen und bist dankbar für das Leben und die Freunde, die du hast.

Du wirst immer aktiver, hast dich in einem Fitnessstudio angemeldet, planst den nächsten Urlaub und kannst endlich wieder aus tiefstem Herzen lachen. Bei Erinnerungen an deine Liebsten kommen Glücksgefühle in dir hoch, anstatt Trauer. Du kannst dir wieder Bilder anschauen. Alles um dich herum und in dir fängt an zu blühen.

Das solltest du jetzt tun:

Wichtig ist, dass du an dieser Station erst mal an dich denkst, an dein Wohlgefühl und an deine Seele. Tu dir etwas Gutes, so oft wie möglich. Gönne dir mal eine schöne ausgiebige Massage. Mach mit einer Freundin oder alleine ein schönen Städtetrip.

Verändere auch dein Umfeld. Gestalte deine Wohnung neu, kaufe dir neue Möbel. Das hilft auch dabei, einen Neubeginn zu symbolisieren.

Nicht nur die Wohnung, auch dein äußeres Ich kannst du verändern, wenn dir danach ist. Ein neuer Haarschnitt, ein neues Styling.

Hast du genug von deinem Job? Auch davor darfst du keine Angst haben. Schaue dir neue Berufsfelder an, Weiterbildungsmaßnahmen, die dich interessieren könnten.

∼

Die Türen stehen dir offen
für ein neues Leben und
ein neues Glück.

∼

Station 5: Neues Leben, neues Glück

Herzlichen Glückwunsch!

An dieser Station darfst du endlich aussteigen. Du hast deinen Schmerz überwunden. Du hast wieder Spaß im Leben. Du warst im Urlaub und konntest unbeschwert neue Kulturen kennenlernen. Du triffst dich wieder öfter mit Freunden und Verwandten. Vielleicht hast du einen neuen Job oder ein neues Hobby für dich entdeckt. Deine Erinnerungen an den Verstorbenen sind mit traurigen, aber schönen Momenten gepflastert, die eins geworden sind.

FAZIT / LETZTE WORTE

Der Tod hat einen bitteren Geschmack. Deshalb ist es wichtig, dass wir uns mit diesem Thema beschäftigen. Er gehört dazu und wird immer zu uns gehören. Jeder von uns wird Momente erleben, in denen er geliebte Menschen beerdigen muss, aber die Trauer zeigt, dass viel Liebe in dir steckt. Nimm sie an. Du hast das Recht, schwach zu sein. Um wieder stark werden zu können.

VOR DEM RAUM

Willkommen im Raum »Ernährung und Gesundheit«.

Bevor ich diesen Raum schrieb, kam mir vor ungefähr vier Jahren immer wieder die Frage in den Sinn:

Kann ich durch bestimmte Nahrungsmittel meine körperliche sowie geistige Leistung steigern, länger leben, Krankheiten vermeiden, das Depressionsrisiko sowie negative Gefühle und Gedanken verringern?

Und die Antwort ist:

JA, DAS KANNST DU!

Vor ungefähr drei Jahren bekam ich meinen ersten Gewinn von meiner Lektüre »Bis die Liebe uns findet« ausgezahlt. Das waren knapp 400 Euro. Ich habe mich so über das Geld gefreut, dass ich meine drei damaligen Kumpels zum Essen einlud. Wir bestellten uns Burger, Pizzen, Milchshakes und als Nachspeise Eis. Die Glückshormone schossen nach oben, und ein schöner Abend für uns alle nahm seinen Lauf.

In den Abendstunden nach dem gemeinsamen Essen war ich wieder zu Hause. Ich fühlte mich unerwartet müde und antriebslos. Ich dachte mir, dass es vielleicht daran liegen könnte, dass der Tag mit so vielen Emotionen vollgepackt war, dass mein Körper deshalb schlappmachte. Also legte ich mich zum Schlafen hin.

Morgens, als ich wach wurde, fühlte ich mich immer noch elend. Antriebslosigkeit und Müdigkeit saßen mir in den Knochen. Obwohl ich ein sportlicher Typ bin und schon damals viel Training betrieben habe, fiel mir auf, dass ich in den letzten Wochen immer wieder Haut- und Schlafprobleme hatte. Stress sowie das Auftreten von negativen Gedanken häuften sich, obwohl ich eigentlich positiv eingestellt war. Ich erkannte, dass ich jetzt zwar meine Emotionen und Ansichten im Griff hatte, nicht aber meine körperliche Gesundheit. Damals dachte ich, wer regelmäßig Gewichte stemme und muskulös sei, brauche sich eigentlich um seine körperliche Verfassung keine Sorgen zu machen.

Ich fragte mich: Woran liegt es, dass ich meine Gedanken und Gefühle zwar ins Positive verwandelt habe und regelmäßig ins Fitnessstudio gehe, mich aber trotzdem an vielen Tagen sehr schwach und unmotiviert fühle?

Weil ich gelernt hatte, nach Lösungen für meine Probleme zu suchen, ließ mich der Gedanke nicht los, dass es vielleicht tatsächlich an meiner Ernährung liegen könnte. Ich nahm mir vor, jeden Tag aufzuschreiben, was für Lebensmittel ich aß. Ich verglich es danach mit meinem körperlichen Empfinden, meiner Ausdauer und Konzentration.

Morgens fing ich an mit Milch, Eiern, dazu Croissants, Brötchen und Würstchen.

Nachmittags Pizza, Nudeln, Reis, und als Beilage durfte

Fleisch nie fehlen. Als Getränk eine kalte Cola, Fanta oder Fruchtsaft. Viele meiner Nahrungsmittel waren Fertiggerichte. Ich musste sie nur noch in die Pfanne, in die Mikrowelle oder in den Backofen legen.

Abends gab es Eis oder Chips beim Fernsehen.

Zusammengefasst: Meine Mahlzeiten bestanden damals aus Fertiggerichten, viel Fleisch, jeder Menge Milchprodukten und Limonaden. Ich nahm an, dass unter den ganzen Mahlzeiten viel Gesundes war. Speisen mit Milch mussten ja gesundheitsfördernd sein, jedenfalls sagte mir das die Milchindustrie. Mir ging es aber immer schon nur darum, zu genießen. Ich sah es als Belohnung für einen anstrengenden Tag, und darin lag das Problem. Der Genuss war zwar da, aber ich erkannte, dass diese Befriedigung mir nicht guttat. Sie bremste mich in meiner Leistung und Motivation.

Ich durchforschte ein Jahr lang unzählige Dokumentarfilme und Bücher, machte einige Selbstexperimente. Ich verglich Studien – nicht die, die von der Pharma-, Fleisch- und Milchindustrie finanziert wurden, sondern unabhängige. Das, was ich an Wissen gewann, veränderte meinen Blick auf das Thema »Nahrungsmittel« komplett.

Heute ist mir klar geworden, dass Speisen und Getränke viel mehr als nur Beglückung sind. Nahrung kann Krankheiten verursachen, aber die richtigen Speisen können umgekehrt auch vor Krankheiten schützen, vorbeugen oder manche sogar heilen. Jahrelang verharrte ich in dem irrigen Glauben, dass ich schließlich nur einmal lebe, also müsse beim Essen die Befriedigung an erster Stelle stehen. Das war meine Ausrede, um mich nicht großartig mit gesunder Ernährung zu beschäftigen. Doch sobald ich mich damit näher befasste, war es wie eine Art Revolution für mein Bewusstsein, als habe Gott mir die Offenbarung verkündet.

Durch die Nahrungsumstellung habe ich mich seit zwei Jahren nicht mehr krankmelden müssen und nehme auch seitdem keine Medikamente mehr zu mir. Ich habe keine Allergien oder körperlichen Beschwerden mehr. Ich bin leistungsfähiger und motivierter geworden.

Ich werde dir hinter dieser Tür das Geheimnis verraten.

Was ist, wenn ich dir sage, dass bestimmte Nahrungsmittel das Risiko von Depressionen und negativen Gedanken und Gefühlen vermindern können?

Was ist, wenn ich dir sage, dass du durch bestimmte Speisen und Getränke deine Faltenbildung reduzieren und das Altern verlangsamen kannst und somit länger jung bleibst?

Was ist, wenn ich dir sage, dass du mit bestimmten Nahrungsmitteln und Getränken deine Sexualität und Vitalität für eine bessere Performance im Schlafzimmer verbessern kannst?

Was ist, wenn ich dir sage, dass das Fasten einer der besten Prozesse ist, die du für deinen Körper und deine Seele machen kannst und die einer Müllabfuhr gleichen?

Was ist, wenn ich dir sage, dass Fette nicht gleich schlecht sind und dass manche sogar das Risiko verringern können, an Krebs oder Herz-Kreislauf-Krankheiten zu erkranken?

Was ist, wenn ich dir sage, dass du mit deiner Ernährung und dem Weglassen mancher Lebensmittel einen großen Beitrag leisten kannst, das Leid von Tieren, Umweltverschmutzungen und Korruption zu verringern?

Hört sich das nicht nach einem tollen Leben an?

Und diese Gesamtheit ist möglich. Es gibt natürlich für nichts eine Garantie, aber was ist, wenn du selbst die Macht hast, die Chancen für dieses neue Lebensgefühl enorm zu steigern?

Wenn du bereit bist, lass uns gemeinsam durch die Tür in den nächsten Raum laufen.

RAUM 4

Ernährung und Gesundheit

Geeignet für alle Personen.

Und alle diese Verbesserungen soll nur durch Ernährung zu erreichen sein, Keff? Schwer zu glauben.

Genauso habe ich früher auch gedacht, dass es unmöglich ist, durch Nahrungsmittel solch eine Lebensqualität zu bekommen. Leider leben wir in einer industriell geprägten Gesellschaft, und die Unternehmen versuchen, uns ihre ungesunden Produkte so attraktiv wie möglich zu präsentieren. Mit ausgeklügelter Werbung und Marketing lassen sie uns vergessen, ob es gut für uns ist, was wir täglich zu uns nehmen. Aber ist es nicht schöner, zu wissen, dass du länger leben könntest und trotzdem noch dein Essen genießen kannst?

Wir Menschen fürchten uns oftmals vor Veränderungen, davor, neue Gebiete auszuprobieren. Diese Angst bezahlen viele mit ihrer Gesundheit. Es gibt unzählige Studien, die beweisen, dass industrielle Nahrungsmittel das Krebs-, Diabetes- und Herzerkrankungsrisiko erhöhen und uns schneller altern lassen.[2]

Warum wird aber die Ernährungsumstellung bei körperlichen und seelischen Problemen von den Ärzten nicht empfohlen und oft nach Medikamenten gegriffen?

Manche Ärzte wissen es selber nicht besser. Und durch das Anbieten von Medikamenten seitens der Ärzte kann die Pharmaindustrie mehr Geld verdienen. Würden Doktoren uns die Ernährungsumstellung als Lösung anbieten, anstatt Präparate zu verschreiben, würde die Industrie ein riesiges Minus verbuchen. Vor allem die pharmazeutischen Unternehmen in Amerika versuchen, Studienergebnisse zu manipulieren und Schulungen über Nahrungsmittel bei Medizinstudenten zu verringern, nur um sie von natürlichen Heilmitteln abzulenken.[3]

Menschen, die sich so ernähren, dass sie Krankheiten vorbeugen, sind schlecht für den Profit der Ärzte und der Pharmaindustrie.

Das ist einer der Gründe, warum es in der Gesellschaft so ein großes Durcheinander gibt. Was ist jetzt gut, und was ist schlecht für meinen Körper?

Vor diesem Problem stand ich auch. Also wandte ich einen einfachen Trick an. Ich schaute mir Länder und Orte an, wo das Krankheitsrisiko gering und die Lebensdauer sehr hoch war, und recherchierte, welche Nahrungsmittel die Menschen dort zu sich nahmen und welche nicht.

Moment mal, Keff. Immerhin gibt es auch bei uns Menschen, die sehr alt werden. Vielleicht hat es auch etwas mit den Genen oder mit Glück zu tun.

Das dachte ich tatsächlich auch. Vielleicht ist es einfach wie im Lotto – der eine gewinnt, der andere verliert. Die

Wahrheit ist aber, dass wir nicht Krankheiten, sondern Essgewohnheiten weitervererbt bekommen. Wenn wir in einer Familie groß werden, wo der Konsum von verarbeiteten Lebensmitteln und Fleisch sehr hoch ist, dann wird diese Essgewohnheit größtenteils von den Kindern übernommen. Wenn dein Vater oder deine Mutter an Krebs, Diabetes oder einem Herzinfarkt gestorben ist, dann wirst du mit großer Wahrscheinlichkeit auch daran erkranken, wenn du dieselben Nahrungsmittel zu dir nimmst. Tatsächlich ist es so, dass nur fünf bis neun Prozent aller Erkrankungen weitervererbt werden. Diese Zahl zeigte mir, dass wir vieles selbst in der Hand haben.[4]

Eine Dokumentation über Japan hatte mich damals neugierig gemacht. Dort, dicht gefolgt von Hongkong und Singapur, werden die Menschen außergewöhnlich alt. Auch in Europa werden in manchen Ländern die Frauen und Männer enorm alt, etwa in Spanien, der Schweiz, Italien und tatsächlich Frankreich. Komischerweise ist Deutschland trotz seines Reichtums und der guten medizinischen Versorgung, der niedrigen Arbeitslosenrate und ohne Krieg oder große Unruhen in der Rangliste nicht unter den Top 20.

Wie kann das sein?

Was machen wir falsch, was die anderen richtig machen?

Meine erste Vermutung war, dass es mit der Umwelt und der sauberen Luft zu tun haben könnte. Aber Frankreich ist nicht weniger umweltbelastet als Deutschland.

Vielleicht ist es der Stress im Alltag. Es stimmt, dass Stress sehr viele Krankheiten hervorrufen kann, aber Franzosen haben nicht weniger Stress als wir Deutschen.

Also schaute ich mir die Nahrungsmittel genauer an. Was essen und trinken diese Menschen?

Ich fand Erstaunliches heraus.

Ich fange mal in Asien an. In den asiatischen Gebieten, vor allem in Japan in der Stadt Okinawa, soll es viele Menschen geben, die sehr alt werden. Die durchschnittliche Lebenserwartung dieser Personen liegt bei unglaublichen 92 Jahren. Die Menschen verzichten auf Fleisch oder konsumieren weniger davon, dafür besteht ihr Essen oftmals aus Suppen mit verschiedenem Gemüse, Fisch, Meeresfrüchten und zum Nachtisch Obst oder Grüntee. Sie verzehren überwiegend frische Speisen und kaum verarbeitete Lebensmittel.

Um dir das Gesamtbild so einfach wie möglich zu präsentieren, habe ich die Speisen und Getränke aufgelistet, die wir in Deutschland verzehren, die nicht nur deine Seele, sondern – wissenschaftlich bestätigt – auch deinen Körper schädigen können.

Nachdem ich dir diese Liste offenbart habe, kommen wir zu den Superfoods. Das sind Nahrungsmittel, die deinem Body und deiner Seele guttun, die dich fitter machen, dein Immunsystem stärken, die Faltenbildung sowie den Alterungsprozess verlangsamen.

Die negativen Nahrungsmittel

1. Fleisch

Der Fleischkonsum in unserer Gesellschaft ist sehr hoch, so extrem, dass sogar Massentierhaltung betrieben wird. Obwohl wir wissen, wie schlecht solche Tiere behandelt werden, scheint es vielen von uns egal zu sein.

Es stimmt natürlich, dass wir für unseren Muskelaufbau und den Hormonhaushalt Eiweiße benötigen. Selbst unsere Haare, Haut und Muskeln, unser Herz und das Gehirn bestehen zum größten Teil aus Proteinen. Weil sie für uns lebensnotwendig sind, möchte unser Körper die Proteinzufuhr hoch halten. Wenn er bemerkt, dass sie zu niedrig ist, erzeugt er ein Hungergefühl, und wir essen so lange, bis sein Speicher wieder voll ist. Deshalb sagt man, die Menschen, die abnehmen möchten, müssen sich eiweißhaltig ernähren, weil die Lust auf das Essen schneller erlischt. Die Fleischindustrie und manche Fitnessexperten versuchen, uns dahin zu bewegen, dass wir Fleisch als einzige Quelle für Proteine in unseren Köpfen manifestieren. Deshalb lehnen viele von uns ein saftiges Steak oder Chicken Wings nicht ab. Der Körper verlangt nach Proteinen, also sagt dein Kopf nicht Nein dazu.

Das Problem bei tierischen Eiweißen ist aber, dass sie uns bei häufigem Verzehr krank machen. Forscher von der Harvard School of Public Health in Boston kamen zum Ergebnis, dass Menschen, die immer wieder rotes Fleisch aßen, häufiger an Diabetes, Herz-Kreislauf-Störungen oder Darmkrebs erkrankten.[5] Die Forscher nehmen an, dass der rote Blutfarbstoff und der hohe Fettgehalt von rotem Gewebe die Entstehung von Krebs fördern.

Wusstest du zum Beispiel, dass Rheumapatienten auf Fleisch, vor allem auf Schweinefleisch, verzichten müssen oder sollten? Der hohe Gehalt an Arachidonsäure, einer Fettsäure im Fleisch, kann die Schmerzen in den Gelenken verstärken.[6]

Tierische Proteine lassen uns dazu auch noch schneller altern. Das liegt daran, dass bei einem erhöhten Fleischkonsum der Körper permanent neues Baumaterial produziert. Diese nutzlose Zellmasse bewirkt, dass die Zellen sich zusammenballen – ein Prozess, den man Zellalterung nennt.

Was wir auch niemals vergessen dürfen, ist: Durch Massentierhaltung und das unnatürliche Futter, das die Tiere bekommen, damit sie schneller wachsen und mehr Fleisch ansetzen, erkranken viele Tiere, und Infektionskrankheiten brechen aus. Die Bauern versuchen, die Epidemie durch Antibiotika, Steroide, Hormone und Betäubungsmittel zu bekämpfen, und diese Rückstände landen auf deinem Teller und auf dem unserer Kinder.

Nicht nur, dass diese Medikamente gefährlich sein könnten – ich glaube fest daran, dass man das Leiden der Tiere (aus spiritueller Sicht) mit in seinen Körper aufnimmt.

Wenn du Fleisch zu dir nimmst, das physisch und seelisch gelitten hat, gelangt diese negative Energie vielleicht auch in deinen Körper.

All diese nicht positiven Punkte, die ich aufgeschrieben habe, werden dem Fleisch, also tierischen Proteinen, zugesprochen. Ich bin weder Veganer noch Vegetarier. Ich mache für niemanden Werbung, außer für deine Gesundheit.

Meinen Fleischkonsum habe ich nach den zahlreichen Recherchen auf maximal ein- bis zweimal in Monat reduziert. Ich arbeite daran, diesen sogar auf einmal in vier Wochen zu begrenzen.

Moment, Keff, soweit ich das gehört habe, essen viele Sportler, zum Beispiel Bodybuilder, Fleisch. Selbst unsere Vorfahren haben doch Tiere verzehrt. So schlecht kann es ja nicht sein.

Du hast recht, dass manche Sportler Fleisch zu sich nehmen, um den Proteinhaushalt hoch zu halten. Auch ich habe viel Zeit im Fitnessstudio verbracht und Gewichte gestemmt – und das recht erfolgreich –, habe mir jeden Tag Steaks und Hähnchen reingepfeffert. Aber es waren das Unwissen über Nahrungsmittel und das blinde Vertrauen, was mich dazu gebracht hatte, viel Fleisch zu verzehren.

Was ich nicht wusste, war, dass man die Proteine nicht nur aus tierischen Nahrungsmitteln, sondern auch auf pflanzlicher Basis gewinnen kann. Diese sind sogar gesundheitsfördernd. Es ist nicht notwendig, Fleisch zu essen, um Proteine zu bekommen. Was du dir merken solltest, ist: Alle Eiweiße stammen ursprünglich aus dem Pflanzenreich. Nur Pflanzen haben die Fähigkeit, Stickstoff aus der Luft aufzunehmen, die Moleküle zu spalten und diese in Aminosäuren zu fusionieren, damit Eiweiße entstehen können. Das bedeutet, jedes Protein, das du aus dem Fleisch bekommst, ist nichts weiter als ein recyceltes pflanzliches Protein.

Dass wir Menschen schon immer Tiere gegessen haben, ist nur bedingt richtig. Der Fleischkonsum, wie wir ihn heute kennen, wurde früher nicht mal annähend so vollzogen wie heute. Das Jagen war sehr gefährlich und führte oft zum Tod, deshalb haben die Menschen veganer oder vegetarischer gelebt, als wir vermuten. Fleisch ist ein Nahrungsmittel, das du, wenn die Möglichkeit besteht, zum Wohle der Tiere und um deine Gesundheit nicht zu gefährden, reduzieren solltest.

2. Verarbeitete Nahrungsmittel

Was genau sind verarbeitete Produkte, und warum sind sie schlecht für uns?

Verarbeitete Lebensmittel sind Erzeugnisse, die so in der Natur nicht vorkommen. Sie werden künstlich hergestellt oder chemisch bearbeitet. Das Problem bei solcher Nahrung ist, dass die Qualität oft an letzter Stelle steht. Warum?

Es geht hier um maximalen Umsatz/Gewinn und geringe Ausgaben. Je billiger die Rohstoffe sind, umso größer ist die Marge, und weil die Rohmaterialien dieser verarbeiteten Lebensmittel günstig gehalten werden müssen, sind dadurch lebenswichtige Vitamine, gesunde Fette, Ballaststoffe und Mineralien sehr gering oder gar nicht vorhanden. Das bedeutet, bei jeder Mahlzeit tun wir unseren Geschmacksnerven etwas Gutes, aber den Organen nicht. Wie ein Heroinabhängiger, der sich einen Schuss gibt und dafür sorgt, dass der Verfall seines Körpers schneller zunimmt. Dazu kommt noch, dass wir durch die Belastung von Pflanzenschutzmitteln, Anreicherungen von Geschmacksverstärkern, Zucker, Aspartam, Süßungsmitteln, Konservierungsstoffen, Farbstoffen, Aromen und Transfettsäuren den Körper bei jeder unserer Mahlzeiten enorm beanspruchen. Was du dir unbedingt merken solltest, ist, dass viele dieser Stoffe, vor allem die Farben und Aromen der hinzugefügten Lebensmittel, in der Natur so gar nicht existieren. Es sind künstlich hergestellte Stoffe, die deine Geschmacksnerven und die Augen verführen sollen, damit du immer wieder im Laden zugreifst. Wir fügen unserem Körper, vor allem der Leber, etwas zu, was er eigentlich nicht kennt und wofür er nicht konstruiert wurde. Alles, was wir im Supermarkt kaufen können und was so verarbeitet wurde, dass wir es einfach in die Mikrowelle oder in den Backofen legen müssen, sollte man so gut es geht vermeiden.

Vor allem für Kinder ist es sehr gefährlich. Durch die ganzen Fruchtsäfte, Fruchtjoghurts, Süßigkeiten und das Fast Food verfälschen wir in frühen Stadien ihren Geschmackssinn und erhöhen das Risiko, dass sie an Kinderdiabetes leiden. Sie erkennen echten, natürlichen Geschmack nicht mehr, sehen es sogar als nicht richtig an, wenn man sie echtes Essen probieren lässt. Deshalb bekommen viele Kinder eine tiefe Abneigung gegenüber Gemüse und bevorzugen die mit Zucker und Aromen manipulierten Lebensmittel. Wir müssen dafür sorgen, dass unsere Kinder von solchen Produkten verschont bleiben.

Weitere unerwünschte Begleiterscheinungen von verarbeiteten Lebensmitteln sind Allergien, Verdauungsprobleme wie Durchfall, Herzerkrankungen und Verringerung der Fruchtbarkeit. Künstliche Geschmacksverstärker können sogar bei manchen Migräne auslösen. Die Weltgesundheitsorganisation hat Hunderte von Studien verglichen und kam zu dem Ergebnis, dass es einen direkten Zusammenhang zwischen Krebs und dem Konsumieren von verarbeitetem Essen wie zum Beispiel verarbeitetem Fleisch gibt. Harvard-Forscher fanden heraus, dass täglicher Fleischkonsum das Diabetesrisiko um 51 Prozent steigert.

Verarbeitete Lebensmittel erhöhen das Krebsrisiko.

Welche sind die verarbeiteten Produkte, die ich besser vermeiden sollte, Keff?

- gebratene/gegrillte/gekochte Würstchen
- verarbeitete Frikadellen
- Fleischprodukte mit Gewürzen
- Fertiggerichte sowie Soßen aus Dosen und anderen Verpackungen

- Joghurt mit Geschmack (mit Zuckerzusatz)
- marinierter Fisch/mariniertes Fleisch mit hinzugefügten Gewürzen

3. Fette

Es gibt Menschen, die denken, das Hinzufügen von viel Fett im Essen schädige ihren Körper und sie würden dadurch dick. Das ist nur bedingt richtig. Es kommt darauf an, welche Öle in unseren Mahlzeiten enthalten sind.

Grundsätzlich kann man sagen: Unser Körper ist auf heilsame Fette, vor allem auf essenzielle Fettsäuren, angewiesen. Öle sind erst mal dafür da, um uns Energie zu liefern. Sie übernehmen in unserem Körper viele wichtige Funktionen wie zum Beispiel die Verankerung von fettlöslichen Wirkstoffen. Unter anderem dienen sie auch als Wärmeisolation für unseren Körper und dem Schutz von bestimmten Organen.

Es gibt drei verschiedene Fettsäuren. Diese heißen einfach ungesättigte, mehrfach ungesättigte und gesättigte Fettsäuren. Diese Fette können entweder tierischer oder pflanzlicher Natur sein.

Tierische Fette stammen zum Beispiel von Fleisch oder Fisch. Sie haben einen sehr hohen Anteil an gesättigten Fettsäuren. Rein pflanzlicher Natur sind zum Beispiel Nüsse, Samen und Kerne. Die haben einen hohen Anteil an ungesättigten Fettsäuren. Viele Studien zeigen, dass man auf einfach und mehrfach ungesättigte Fettsäuren zurückgreifen sollte.

Moment, Keff, kannst du mir bitte einmal sagen, was gesättigte Fettsäuren genau sind und warum die ungesund sind?

Gesättigte Fettsäuren sind nicht gleich schlecht, da sie durchaus ihre Vorteile haben. Das Problem bei diesen Fetten ist aber, dass du sie in Fleisch, Milchprodukten und fertigen Nahrungsmitteln findest, die wiederum, wie oben beschrieben, ungesund sind und dich sogar krank machen können.

Ein anderer Übeltäter sind Transfette. Transfette sind chemisch gehärtete Fette, die der Körper nicht aufarbeiten kann. Sie sind in Kartoffelchips, Fritten, Gebäck und vielen weiteren Nahrungsmitteln zu finden. Diese gelten als große Krankmacher. Sie schaden deinem Körper, den Arterien, dem Herzen und dem Gehirn. Sie erhöhen das Risiko von Herz-Kreislauf-Erkrankungen. Deshalb ist es vorteilhafter, auf natürliche Lebensmittel zurückzugreifen.

Warum die ungesättigten Fette gesund sind, werde ich in diesem Raum noch verraten.

4. Softdrinks, Fruchtsäfte und Milch

Nicht nur die Nahrung, sondern auch Flüssigkeiten, die wir unserem Körper zuführen, sollten wir überdenken.

Das Beste und Natürlichste, was du zu dir nehmen kannst, ist Wasser. Ich hatte vor einigen Jahren kein Wissen darüber, was wirklich gesund ist. Mir war schon bewusst, dass Getränke wie Cola nicht mein täglicher Durstlöscher sein sollten, aber dass sie so übel sind, hätte ich nicht gedacht. Aber auch Getränke wie Milch und Fruchtsäfte sollte man überdenken.

Zuckerhaltige Softdrinks begünstigen das Krankheitsrisiko, vor allem das Risiko für Herz-Kreislauf-Erkrankungen. Man muss auch bedenken, dass Softdrinks sowie auch Fruchtsäfte (nicht frisch gepresster Orangensaft) chemisch verarbeitete Produkte sind. Industriell verarbeitete Fruchtsäfte enthalten genauso viel oder mehr Zucker als Erfrischungsgetränke. Halte solche Getränke vor allem von deinen Kindern fern, denn wenn du bereit bist, Kleinkindern einen von der Industrie verarbeiteten Fruchtsaft anzubieten, kannst du ihnen auch gleich eine Cola anbieten.

Zuckerhaltige Getränke könnten das Risiko von Diabetes erhöhen. Sie haben aber auch viele andere gefährliche Nebenwirkungen. Wissenschaftler aus Amerika haben herausgefunden, dass gesüßte Flüssigkeiten die Zellalterung beschleunigen können, das Risiko von Herz-Kreislauf-Erkrankungen erhöhen und vor allem zu Übergewicht führen können.

Milch ist ein Supergetränk. Sie liefert Nährstoffe, Kalzium, Vitamine und andere wichtige Stoffe. Sie hilft unserem Körper dabei, Knochen und Muskeln schneller aufzubauen. Deshalb ist Milch sehr wichtig für Babys und Kleinkinder. Noch besser ist die Muttermilch, die noch mehr essenzielle Nährstoffe besitzt.

Aber warum ist die Milch trotz dieser Menge an Super-leistungen, wie du sie beschrieben hast, negativ für un-seren Körper?

Immerhin sagen uns die Werbung und auch unsere Eltern, dass Milch gesund ist.

Das Problem bei Milch ist, dass sie Babys und Kleinkin-dern beim Wachsen hilft, aber uns Erwachsenen nicht, weil wir logischerweise schon ausgewachsen sind und so-mit das Getränk für uns überflüssig wird. Dass viele Men-schen laktoseintolerant sind, ist keine Laune der Natur, sondern womöglich so von der Natur vorprogrammiert. Durchschnittlich 90 Prozent der über 18-jährigen Nord-europäer vertragen Milch. Je weiter wir aber in Richtung Süden schauen, desto weniger werden es: Mehr als zwei Drittel der Südeuropäer haben eine Milchzuckerunver-träglichkeit, in Asien vertragen nur etwa sechs Prozent der Bevölkerung Milch. Weil wir Erwachsenen nicht mehr auf Milch angewiesen sind, versucht die Natur quasi, uns da-von abzuhalten, Babys und Kleinkindern diese wichtige Nahrung »wegzunehmen«.

Nicht nur, dass die Milch für uns Erwachsene wenig Sinn macht, sie ist auch kontraproduktiv. Sie enthält Wachstumshormone. Diese bringen unsere Zellen dazu, schneller zu altern, und erhöhen dazu das Krebsrisiko. Das bedeutet, trinkst du als voll entwickelter Mensch sehr viel Milch, förderst du damit Falten im Gesicht und das Krebs-risiko. Warum es aber nicht nach außen kommuniziert wird, liegt an dem Lobbyismus. Viele Milchunternehmen bezahlen Studien und lassen sie meistens zu ihren Gunsten ausfallen. Nachforschungen, die Negatives über die Milch berichten, werden oft nicht veröffentlicht. Deshalb ist es wichtig, Studien anzuschauen, die nicht von der Milchindustrie finanziert wurden.

Danke dir für all die Infos. Nun stelle ich mir aber die Frage: Was sollte ich denn alternativ essen und trinken? Was fördert denn meine Gesundheit und lässt mich langsamer altern?

Proteine

Wir haben ja darüber gesprochen, dass Proteine für uns lebenswichtig sind und wir auf gar keinen Fall darauf verzichten sollten. Wenn du tierische Eiweiße auslassen möchtest oder reduziert verzehren willst, gibt es jede Menge Alternativen.

Das sind die Nahrungsmittel, die sehr viel Eiweiß enthalten und gesundheitsfördernd sind:
- Walnüsse, Haselnüsse und Erdnüsse
- Hülsenfrüchte wie Kidneybohnen, Erbsen und Linsen
- Sojabohnen, Leinsamen und Sesam
- Sonnenblumenkerne, Kürbiskerne
- Brokkoli und andere Gemüsesorten

Der Vorteil bei pflanzlichen Proteinen ist, dass sie das Krebsrisiko senken und sich positiv auf Gehirn und Herz auswirken. Und ganz wichtig: Wenn du selbst viel trainierst oder abnehmen möchtest, kannst du so viel davon essen, wie du möchtest, sie fördern deine Gesundheit und den Muskelzuwachs. Denke daran, dass sich Gorillas ausschließlich pflanzlich ernähren, und die haben jede Menge Muskeln.

Fette

Wenn wir von Fetten reden, dürfen wir nicht alle Öle in eine Schublade stecken, wir müssen unterscheiden zwischen den guten und den schlechten Fettsäuren. Ich habe bei den negativen Lebensmitteln erwähnt, welche für uns schlecht sind, das waren Transfette und die gesättigten Fettsäuren. Wenn man das Blatt umdreht, gibt es auch gute Fette, die wir zu uns nehmen können und sogar müssen. Diese heißen einfach ungesättigte und mehrfach ungesättigte Fettsäuren. Warum sind diese Fette für uns gut und wichtig?

Jüngste Studien behaupten, dass bei manchen Ölen diese Effekte entstehen:

- Senkung des Krebsrisikos
- Stärkung des Immunsystems
- Hautalterung verzögert sich
- Wirken entzündungs- und schmerzhemmend sowie desinfizierend bei Infekten der Atemwege, Halsschmerzen und Erkältung
- Können den Blutzucker und die Blutfettwerte senken
- Können Schlaganfällen vorbeugen

Ich habe mir bei meinen Recherchen eine Dokumentation über das Essverhalten in den Ländern angeschaut, wo die Krebsrate niedrig ist und die Menschen länger leben. Zu meinem Erstaunen essen die Damen und Herren in diesen

Gebieten viel fettiges Essen, vor allem in Griechenland und Italien, wo die mediterrane Küche ihren Hauptsitz hat. Sie verwenden sehr viel Olivenöl. Und dieses beinhaltet viele einfach und mehrfach ungesättigte Fettsäuren. Olivenöl oder auch Rapsöl scheint ein echtes Superfood zu sein.

Ein wertvoller Bestandteil von Olivenöl sind die sogenannten sekundären Pflanzenwirkstoffe. Manche dieser Stoffe wirken krebszellenhemmend oder senken den Cholesterinspiegel. Deshalb darfst du dich an Olivenöl reichlich bedienen. Ich benutze Olivenöl zum Beispiel sehr gerne für meinen Fisch oder zwei bis drei Tröpfchen davon auf meinem Lachs-Avocado-Vollkornbrötchen.

Eine kleine Anmerkung: Wenn du dir Olivenöl kaufst, denke daran, dass in Europa Olivenöl in verschiedene Qualitätsstufen (Güteklassen) klassifiziert wird. Bei Olivenöl, das die Bezeichnung »nativ extra« trägt, handelt es sich um die oberste Qualitätsstufe. Das Öl wird schonend durch Kaltpressung hergestellt. Du erkennst die oberste Qualitätsstufe daran, dass es einen fruchtigen, leicht scharfen und leicht bitteren Geschmack hat. Gute, hochwertige Olivenöle fangen üblicherweise bei 18 Euro pro Liter an. Günstige beim Discounter sind zwar auch kalt gepresst, sind aber von minderer Qualität.

Ein gutes Öl, das ich ebenfalls empfehlen kann, ist Schwarzkümmelöl. Noch nie davon gehört? Der Prophet der Muslime, Mohammed, war ein sehr großer Befürworter dieses Öls. Kein Wunder, denn dieses hat genauso wie Olivenöl viele positive Eigenschaften für unsere Gesundheit. Es beinhaltet jede Menge ungesättigte Fettsäuren wie

Linolsäure. Sie gehört zu den essenziellen Fettsäuren, die unser Körper nicht selbst herstellen kann. Außerdem stecken in Schwarzkümmelöl viele wichtige Mineralien wie Magnesium, Zink und Aminosäuren sowie etliche Vitamine. Studien konnten nachweisen, dass es eine positive Wirkung auf Asthma-Patienten hat. Es kann gegen Akne, Schuppenflechte und Neurodermitis helfen. Viele Frauen aus den arabischen Ländern lassen ihre Haare mit dem Öl pflegen. Es kräftigt die Haarpracht und verleiht ihr Glanz. Das liegt an der im Öl enthaltenen Folsäure, an den (Pro-) Vitaminen, am Betacarotin und am Biotin. Ich selber nehme jeden Morgen und abends vor dem Schlafengehen einen Teelöffel Schwarzkümmelöl und pflege damit unter anderem auch meinen Bart.

Omega-3-Fettsäuren

Im Gegensatz zu den gesättigten Fettsäuren kann der Körper diese Fette nicht selbst herstellen. Sie müssen daher über die Nahrung zugeführt werden. Weil diese Fettsäuren lebensnotwendig für unseren Körper sind, bezeichnet man sie als essenzielle Fettsäuren.

Omega-3-Fette fördern deine Sehkraft, die Gehirnfunktion und den Herzkreislauf. Schwangeren ist sogar zu empfehlen, Nahrung, die reichlich Omega-3-Fette besitzt, zu sich zu nehmen, da es sich auch positiv auf das Baby auswirkt. Du bekommst sie pflanzlich oder tierisch – pflanzlich zum Beispiel durch Rapsöl, Walnussöl und Sonnenblumenöl, tierisch aus Fisch oder Algen, was in Japan gerne gegessen wird.

Unter anderem haben Wissenschaftler herausgefunden, dass in Ländern mit hohem Fischölkonsum, also bei Menschen, die viele gesunde ungesättigte Fettsäuren zu sich nehmen, seltener depressive Erkrankungen auftreten.[7]

Kohlenhydrate

Manche Ernährungsexperten predigen einem, dass man weniger Kohlenhydrate zu sich nehmen sollte, wenn man abnehmen will. Auch diese Aussage ist nur bedingt richtig. Das Geheimnis ist nicht, Kohlenhydrate zu vermeiden, sondern die richtigen zu sich zu nehmen und die falschen zu vermeiden. Es kann passieren, wenn du ganz darauf verzichtest, dass du schneller abnimmst. Aber es wäre ungesundes Abnehmen und gefährlich für deine Gesundheit. Kohlenhydrate sind Sprit für Muskeln und Gehirn. Deshalb ist es wichtig, nicht darauf zu verzichten.

»Schlechte« Kohlenhydrate sind in verarbeiteten Nahrungsmitteln wie Fertigprodukten zu finden. Sie gelangen sofort ins Blut. Dein Blutzuckerspiegel steigt abrupt an und fällt ebenso rasant wieder ab. Sie machen dich schnell satt, enthalten aber keine hochwertigen Nähr- und Mineralstoffe.

Gute Kohlenhydrate unterstützen deinen Körper mit Vitaminen sowie Ballast- und Mineralstoffen. Der Vorteil ist, dass sie langsam vom Körper abgebaut werden. Deshalb bist du länger satt. Sie sind gut für deine Verdauung und halten deinen Blutzucker lange auf einer konstanten Höhe. Dadurch werden auch deine Laune und deine Gehirnleistung oben gehalten. **Sie heißen mehrkettige, langkettige Kohlenhydrate.**

Kleine Liste von Nahrungsmitteln mit den guten Kohlenhydraten:

- Süßkartoffeln
- Bananen
- Basmatireis
- Haferflocken
- Vollkornbrot/-nudeln
- Dinkelbrot/-nudeln

Obst und Gemüse

Nach einer Mahlzeit oder beim Fernsehen Obst zu essen ist eine sehr gute Alternative zu Chips und Süßigkeiten.

Aber warum ist es für uns sehr wichtig, über den Tag verteilt Obst und verschiedene Gemüse zu verzehren?

Früchte besitzen viele Mineralstoffe und Vitamine und unterstützen wichtige Körperfunktionen. Sie können Diabetes oder Herzerkrankungen vorbeugen und schützen das Immunsystem. Ballaststoffe im Obst sorgen für eine gute Sättigung und sind verdauungsfördernd. Vor allem sind hier Himbeeren und Heidelbeeren zu empfehlen.

Dieselben Effekte erzielt auch Gemüse.

Obst und Gemüse sollten täglich auf deinem Teller landen, wenn du gesund bleiben und das Altern verlangsamen möchtest.

Getränke

Genug zu trinken ist etwas, was komischerweise viele Menschen vergessen. Genug Wasser zu sich zu nehmen ist ein sehr wichtiger Punkt, um den Tag gesund und fit zu überstehen.

Vor allem das Wassertrinken solltest du niemals vernachlässigen. Nicht nur, dass es bei einem stressigen Job Kopfschmerzen lindert, es verbessert auch dein Hautbild, hilft beim Abnehmen, spült Schadstoffe aus dem Körper und hilft bei der Verdauung. Deshalb ist es wichtig, bei jeder Mahlzeit einen kräftigen Schluck aus einem Glas zu nehmen.

Grüntee ist ein Getränk, das in Japan sehr beliebt ist. **Warum Grüntee?** Ein Grüntee am Morgen hat fast denselben Effekt wie Kaffee. Durch das Koffein im grünen Tee sind wir wacher und klar im Kopf, wir fühlen uns dadurch fitter. Vor dem Sport solltest du gerne zu Grüntee greifen. Gleichzeitig steigt die Konzentration der nervalen Überträgerstoffe, also der Botenstoffe Dopamin und Noradrenalin, was sich positiv auf die Stimmung einer Person auswirkt.

Dadurch wird die Gefahr von Depressionen minimiert.

Wenn du schlechte Gedanken und Gefühle hast oder dich morgens sehr schlapp fühlst oder leicht depressives Verhalten zeigst, solltest du morgens für einige Wochen Grüntee ausprobieren, um deine Stimmung zu verbessern.

Nicht nur für die Stimmung und die Konzentration, sondern auch für die Fettverbrennung und die Senkung des Krebsrisikos ist Grüntee ein Supergetränk, denn er enthält viele Antioxidantien.

Andere gute Eigenschaften:

- Senkt das Diabetes-Typ-2-Risiko
- Senkt das Risiko für Herz-Kreislauf-Erkrankungen

Fasten

Hast du dich schon mal gefragt, warum das Fasten in allen drei Weltreligionen – Islam, Christentum und Judentum – angeraten wird? Jesus hat 40 Tage lang in der Wüste gefastet. Bei den Juden gibt es unterschiedliche Fastenzeiten. Die Muslime haben den Ramadan. Es gibt das Fasten sogar im Buddhismus wie auch im Hinduismus. Du solltest es auch als Atheist in Betracht ziehen, weil sich der Nahrungsverzicht sehr positiv auf Körper und Geist auswirkt.

Der Nahrungsentzug regeneriert sozusagen deinen Körper. Wenn er plötzlich viel weniger Nährstoffe vorfindet, nimmt er alles, was vorhanden ist. Und das Gute daran: auch die defekten Stoffe, die sich im Körper angelagert haben. Das wirkt verjüngend für deine Haut. Die Verdauung bekommt eine Art Pause, kann einen Neustart wagen und drosselt zu hohen Blutdruck.

Nicht nur, dass es sich positiv auf deinen Körper auswirkt, es tut auch deinem Geist gut. Ich faste zum Beispiel seit vier Jahren einen Monat pro Jahr durchgehend. Ich verzichte ab circa 3:00 Uhr morgens bis 21:30 Uhr auf Essen und Trinken. Für nicht Geübte ist es nicht empfehlenswert, deshalb solltest du hier langsam anfangen. Eine Möglichkeit wäre, einen Monat lang zwölf Stunden pro Tag auf feste Nahrung zu verzichten.

Durch das Fasten habe ich gelernt, mit meinem Geist vor allem den inneren Schweinehund zu besiegen. In den ersten fünf Tagen war es dementsprechend schwierig gewesen, da sich der Körper in einer Art Schockzustand befand. Sehr viele biochemische Auswirkungen zeigten sich in mir. Ich bekam Kopfschmerzen, war müde, doch nach einer Woche fühlte ich mich gut, hatte nicht mehr dieses Verlangen nach Trinken oder Essen. Nach einiger Zeit fing ich an, die Nahrungsmittel, die ich zu mir nahm, mehr zu schätzen, wurde dankbarer, wenn ich abends endlich essen und trinken konnte. Diese Kombination aus Fasten und gesunder Ernährung hat sich sehr positiv auf meinen Leib und mein Leben ausgewirkt.

Bewegung

Warum ist Bewegung wichtig für deinen Körper?

Wenn wir an Sport denken, kommt manchen Menschen in den Sinn, sich in Fitnessstudios zu quälen oder einen Marathon zu laufen. Um gesund und fit durch Bewegung zu werden oder zu bleiben, kannst du schon mit kleinsten Schritten Erfolge verbuchen. Wenn wir unsere körperlichen Bestrebungen sowie unsere geistige Haltung schon mit den minimalsten Übungen trainieren, arbeiten wir automatisch auch für unsere Gesundheit. Beispiele sind Yoga und Meditation. Sie unterstützen uns dabei, zur Ruhe zu kommen. Sie entspannen den Körper, vor allem die Muskeln.

Ausspannung ist in unserer getriebenen Gesellschaft ein essenzieller Baustein für das Wohlbefinden.

Yoga hilft zum Beispiel bei Rückenschmerzen. Für Personen, die bei der Arbeit viel sitzen, ist es ein sehr schöner Gegenpol. Positiv ist es auch bei Nackenschmerzen, Knieschmerzen, Arthritis, Kopfschmerzen und Bluthochdruck, und es mindert das Risiko von Herz- und Kreislauferkrankungen. Ich mache zum Beispiel morgens nach meinem Kaffee oder Grüntee und dunkler Schokolade zehn Minuten lang Yoga-Training und aktiviere somit meine Seele und meinen Körper. Wenn du nicht der Sportlichste bist oder dich schwer damit tust, ins Fitnessstudio zu gehen, fange immer mit den kleinsten Dingen an. Selbst fünf Minuten die Muskeln und Sehnen zu dehnen ist besser, als gar nichts zu tun. Somit kannst du dich Schritt für Schritt steigern.

Halte deinen Körper gesund, er ist dein Tempel.

Stressvermeidung

Stress wird erzeugt, wenn Erwartungen nicht mit deiner Zeit und deiner Kraft übereinstimmen und du darüber hinausgehen musst, um diese zu erreichen.

Belastende Geschehnisse, zum Beispiel bei der Arbeit oder in der Partnerschaft, können einen schlechten Einfluss auf körperliche Erkrankungen haben oder diese sogar verschlimmern und verstärken. Menschen, die viel Stress ausgesetzt sind, können ein schwächeres Immunsystem bekommen, weil Stress sich negativ auf ihren Körper auswirkt. Deshalb ist es wichtig, Stress so oft es geht zu vermeiden.

Dem Ganzen kannst du mit Massagen, Yoga und anderen Aktivitäten entgegenwirken.

FAZIT / LETZTE WORTE

Das war ein kleiner Einblick in die Welt der Ernährung.

Mir ist bewusst, dass das Thema »Lebensmittel« sehr emotional ist und es einem schwerfallen kann, sich von gewissen Lebensmitteln zu trennen. Oft haben wir das Gefühl, uns von Dingen entfernen zu müssen, die uns glücklich machen. Deshalb solltest du nicht auf einen Schlag eine Veränderung anstreben. Taste dich langsam heran, und verändere schrittweise dein Essverhalten ins Positive. Mir fiel es am Anfang extrem schwer, auf Fleisch zu verzichten, weil ich selbst ein sehr großer Fan davon war. Aber Schritt für Schritt reduzierte ich meinen Fleischkonsum. Nicht nur, dass ich körperlich fitter wurde, ich wurde auch geistig fitter. Vor allem für einen Autor ist das extrem wichtig, da man bis zu acht Stunden am Laptop sitzt.

Gesund zu sein ist kein Zufall. Es ist etwas, was man steuern kann. Es liegt in deiner Hand, ob du die Herzinfarkt- und Krebsgefahr in deinem Körper erhöhen möchtest. Es liegt in deiner Hand, ob du leistungsfähiger in allen Bereichen werden möchtest. Und es liegt letztendlich bei dir selbst, ob du etwas daran ändern möchtest – auch mithilfe deiner Ernährung.

VOR DEM RAUM

Willkommen im Raum »finanzielle Freiheit«.

Ich habe mir immer gewünscht, vermögend zu sein. Denn das würde bedeuten, dass ich überall leben und mir kaufen könnte, was mir Freude bereitet, und dass ich die Welt und ihre Kulturen kennenlernen könnte. Ich müsste mir um meine Rente keine Sorgen machen, hätte keine Existenzängste und könnte unter anderem vielen Menschen mit meinem Geld helfen.

Klingt das nicht schön?

Aber jedes Mal, wenn ich diesen Wunsch in meiner Klasse geäußert hatte, wurde ich von dem Lehrer komisch angeschaut und von meinen Mitschülern ausgelacht. Ich wurde als eigenartig abgestempelt, und meine religiösen Eltern dachten, ich trüge einen Dämon in mir, der mich dazu verführte, Geld zu lieben. Denn welches normale Kind äußert schon den Wunsch, reich zu sein?

Was mich also daran hinderte, wohlhabend zu werden, waren die Reaktionen meines Umfelds. Erst als ich aufgehört hatte, den Weg zu gehen, den die Schule, meine Eltern und Freunde für mich vorsahen, und mein Wissen über die Finanzwelt erweiterte, habe ich das Geheimnis entschlüsselt, wie jeder von uns seine Chancen extrem erhöhen kann, sich um seine Rente keine Sorgen mehr machen zu müssen und sogar vor der Rente vermögend zu werden.

Nicht mehr für sein Geld arbeiten zu gehen ist keine Fantasievorstellung, wie uns das in der Schule beigebracht worden ist. Es ist etwas, was vor deinen Füßen liegt, ein Geheimnis, das nur wenige Menschen kennen. Und die, die es kennen, das sind die, die morgens nicht für ihr Geld arbeiten, sondern dafür sorgen, dass das Geld für sie arbeitet.

Dieser Raum ist besonders für Person C hilfreich.

»Ich habe hohe Schulden, die mir über den Kopf wachsen, weil ich meine Finanzen nicht im Griff habe und negative Schufa-Einträge, weshalb ich nichts mehr bekomme. Meine Miete kann ich kaum noch bezahlen. Ich habe zwar Ideen und Visionen, weiß aber nicht, wie ich sie realisieren kann. Ich verliere schnell die Motivation und den Mut, weil ich Angst davor habe, den entscheidenden Schritt zu machen und vielleicht zu scheitern. Oft habe ich das Gefühl, dass alles, was ich tue, schiefgeht. Ich möchte endlich stärker werden und meine Schulden abbauen, ein neues, besseres Leben beginnen. Mich würde interessieren, wie die erfolgreichen Leute es geschafft haben.«

Wenn du bereit bist, dieses Geheimnis zu erfahren, dann lass uns gemeinsam die nächste Tür öffnen.

RAUM 5

Finanzielle Freiheit

Aber wenn ich sage, ich möchte reich werden, werde ich direkt komisch angeguckt. Warum ist das so, Keff?

Das Problem ist, dass Reichtum in unserer Gesellschaft oft mit Gier, Angeberei und der Förderung von Ungerechtigkeit assoziiert wird.

»Reiche nehmen uns Armen das Geld weg.«
  »Politik wird nur zum Vorteil von Reichen gemacht.«
»Warum geben die Reichen nichts von ihrem Geld ab?«

Wenn zum Beispiel einer mit einem Ferrari an einem sonnigen Tag durch Berlin fährt, wird er schnell als Prolet oder Zuhälter abgestempelt. Vor allem in Deutschland wird es nicht gerne gesehen, wenn erfolgreiche Personen zu sehr mit ihrem Geld protzen.

Dieses negative Bild von reichen Menschen oder allgemein Geld wurde mir von der Schule, von Freunden, religiösen Menschen und Eltern so eingeimpft, dass es mich abschreckte, nach Geld zu streben.

Ich wollte nicht als Angeber oder schlechter Charakter angesehen werden. Es hieß: **Geld ist schlimm und macht aus guten Menschen schlechte.** Also habe ich mich nicht mehr mit dem Thema Geld beschäftigt, und das war der

Beginn von negativen Schufa-Einträgen, Mahnungen, Erfolglosigkeit und Schulden in Höhe von 16 000 Euro.

All das, was mir passierte, hätte ich frühzeitig verhindern können. Das Problem fing aber nicht in der Schule an, sondern schon im Elternhaus.

Ich habe mich immer gefragt, warum die Gefahr groß ist, dass Kinder, die aus ärmeren Familien kommen, im Erwachsenenalter selber Schulden anhäufen und arm bleiben. Häufig ist es so, dass die Kinder den Umgang mit Geld von den Eltern übernehmen.

Als ich von Afrika nach Deutschland gekommen war, empfand ich mich selber nicht als arm. Ich hatte genug zu essen und ein Dach über dem Kopf, das genügte mir. Als ich in die Schule ging, bemerkte ich langsam, dass wir nicht wie die anderen Familien waren. Mein Vater hatte einen Job als Tellerwäscher im »Movie Park«. Wir, also meine Eltern, meine kleine Schwester und ich, schliefen in den Anfangsjahren in Deutschland in einer Einzimmerwohnung, konnten uns keine Markenklamotten leisten und liefen mit Aldi-Kleidung in die Schule. Der Fehler, den aber meine Eltern damals machten, war, diese Armut nach außen hin verbergen zu wollen. Wir verfielen dem Konsum.

Damals erkannte die Industrie schnell, wie sie die Unter- und Mittelschicht dazu verführen konnte, mehr Geld auszugeben. Der Wunsch finanziell nicht starker Familien war, in der Gesellschaft nicht als arm definiert zu werden, sich nicht so zu zeigen und vor allem nicht so zu fühlen.

Unternehmen kamen mit Slogans wie:

»Hey, du hast aktuell nicht genug Geld? Du kannst dir diese/s Wohnung/Auto/Haus nicht leisten? Ist nicht schlimm, wir geben dir einen Kredit.

Du hast auch kein Geld für ein/en Handy/Fernseher/ Computer? Egal, finanziere es einfach über uns mit einem günstigen Zins.«

Das klang für meine Familie natürlich sehr verlockend. Etwas, was 1 000 Euro kostet, bequem für 25 Euro monatlich zu bekommen? Es wurde schnell zugegriffen. Wir gerieten in einen Konsumrausch. Alles, was wir uns nicht leisten konnten, wurde einfach finanziert, sei es das Handy oder der Computer, sogar Möbel wurden auf Raten gekauft.

Dann wurde mein Vater vom Tellerwäscher zum Koch befördert und bekam mehr Lohn. Und die nächsten Fehler wurden begangen. Anstatt das Geld zu sparen oder sicher zu investieren, wurde der höhere Lohn dazu genutzt, diesmal etwas noch Größeres auf Raten zu kaufen, zum Beispiel ein Auto.

Dann kam es dazu, dass meinem Vater gekündigt wurde. Er bekam zwar Arbeitslosengeld, aber die Ausgaben überwogen, und die ersten Mahnungen flatterten ins Haus. Manche Briefe öffnete er erst gar nicht, und die ersten negativen Schufa-Einträge waren die Folge. Es kam sogar so weit, dass uns Gerichtsvollzieher in der Wohnung besuchten. Aus den Schulden wurden noch mehr Schulden. Doch anstatt »STOPP!« zu sagen und etwas zu verändern, nahmen es meine Eltern einfach so hin. Sie vereinbarten Ratenzahlungen und unterschrieben eine eidesstattliche Versicherung.

Ich als Kind bekam alles natürlich mit. Ich sah, wie man schnell etwas kaufen konnte, obwohl man Schulden hatte, und einem lange Zeit nichts passieren konnte. Das, was ich aber nicht bedachte, war, dass Schulden und Geldprobleme sich wie ein Rattenschwanz durch dein Leben ziehen. Meine Familie war früh in der Situation, in der wir anfingen, den Staat um Hilfe zu bitten, weil ich mir diese Bücher oder diese Klassenfahrt nicht mehr leisten konnte. Wir waren zu Menschen geworden, die in Schulden badeten.

Mein Vater war der Meinung, dass die Lösung sei, einen gut bezahlten Job zu bekommen, denn damit erhöhe sich die Kreditwürdigkeit.

»Sei gut in der Schule, habe einen guten Job, dann kannst du dir sogar ein Haus finanzieren und wirst diese Probleme, wie wir sie hatten, nicht mehr haben.«

Ich fokussierte mich also darauf, so gut es ging, einen guten Abschluss zu bekommen und den Arbeitgebern alles recht zu machen, um eine Beförderung zu erreichen für einen besseren Lohn.

Das Verlangen nach Sicherheit und schönen Dingen im Leben erzeugte in mir jedoch ein Angstgefühl. Ich dachte mir ständig:

»Ich muss alles befolgen, was man mir sagt, sonst wird mir gekündigt, und ich kann meine Miete nicht mehr zahlen. Ich muss Überstunden hinnehmen, wenn ich befördert werden möchte, denn das bedeutet besseren Lohn.«

Ich wurde zu einem Menschen, der dachte, nur jemand, der hart arbeitet und Leistung zeigt, bekomme mehr Geld.

Nach der Schule fing ich einen Job bei einem Mobilfunk-Unternehmen an. Nach zwei Jahren wurde der Vertrag nicht verlängert, und ich suchte sofort panisch nach einem neuen Job, egal welchem. Ich fand keinen, und die Rechnungen wurden immer mehr, und die Schulden wuchsen. Dazu kamen noch die privaten Probleme, die mich lähmten.

Eines Tages entschied ich mich, einen radikalen Weg zu gehen. Ich zog nach Stuttgart ohne eine Ausbildung in der Tasche, mit über 15 000 Euro Schulden und 50 Euro auf dem Konto. Ich hatte weder einen Plan noch eine eigene Wohnung und schlief bei einem guten Freund auf der Couch.

Dann entwickelte sich der Wunsch, ein Buch über meinen Schmerz in den letzten Jahren zu veröffentlichen. Aber ohne es selber zu wissen, hatte ich damals schon zwei Dinge richtig gemacht, was andere Menschen bis heute daran hindert, finanziell unabhängig zu werden.

Was es genau war, werde ich dir in diesem Raum noch früh genug verraten.

Ich habe es damals geschafft, eine sechsmonatige Ausbildung als Kaufmann im Einzelhandel zu starten und nebenbei mein Buch zu schreiben. Beides ist mir geglückt.

Mein Buch wurde so erfolgreich, dass ich finanziell wieder auf Kurs war. Ich konnte anfangen, meine Schulden abzubezahlen, und nach dem zweiten und dritten Buch war ich sogar schuldenfrei. Plötzlich hatte ich jeden Monat große Beträge auf meinem Konto. Ich verdiente schlagartig bis zu 10 000 Euro im Monat. Doch damals hatte ich noch nicht das Wissen, das ich heute über das Geld habe.

Was tat ich also mit dem ganzen Geld?

Ich erhöhte meinen Lebensstandard. Ich wollte das Leben genießen, wollte alles nachholen, was ich in meiner Kindheit bis ins Erwachsenenalter hinein nicht hatte: die Klamotten, das Essen, das ich mir nie leisten konnte. Ich wollte zu einem anderen Kreis von Menschen dazugehören. Also fing ich an, mir Schuhe für 800 Euro zu kaufen, Koffer für 1 200 Euro zu bestellen und in die besten Restaurants zu gehen. Da ich negative Schufa-Einträge hatte, musste ich alles bar bezahlen. Ich lebte gut, sehr gut sogar. Was ich da alles tat, war nicht unbedingt falsch. Sich mit schönen Dingen zu belohnen ist nichts Verwerfliches, egal wie teuer die Sachen sind.

Der Fehler war aber, dass ich dabei nicht gelernt habe, wie man mit so viel Geld, generell mit Geld, strategisch am besten umgehen sollte. Das ist so, als würdest du dir ein Auto kaufen, ohne einen Führerschein zu besitzen. Die Gefahr wird groß sein, dass du einen Unfall baust. Und so schnell, wie ich aufgestiegen bin, so schnell kam auch der Fall.

Ich gab eine Menge Geld aus, weil eine Menge an Geld hereinkam.

Der größte Fehler, den ich gemacht habe, ist, dass ich damals nicht versucht habe, mein Geld zu behalten. Das klingt leichter gesagt als getan. Denn viele Menschen, können nur schwer ihr Geld bei sich halten. Sie denken, Geld ist dafür da, um es auszugeben, anstatt umzudenken und das Geld zu vermehren. Ich war einer von diesen Menschen. Also versank ich in Ausgaben. Ich fing an, mir Statussymbole zu kaufen, Dinge, die ihren Wert schnell verloren. Dinge, die mich weder geistig noch körperlich weiterbrachten.

Ich kaufte mir Illusionen und verdrängte allmählich die Realität. Und am Ende musste ich bitter erkennen, dass all die Luxusartikel, all die teuren Restaurants, die Erster-Klasse-Tickets mich zwar für einen Augenblick befriedigten, aber mir niemals Frieden gaben.

∿

Lerne dein Geld zu behalten,
nicht zu verbrennen.

∿

Und dann kam es, wie es kommen musste, der Hype um meine Bücher und meine Person nahm wieder ab. Und aus 10 000 Euro wurden plötzlich 1 500 Euro, danach 500 Euro im Monat. Versteht mich nicht falsch, das ist immer noch viel. Aber mittlerweile hatte ich mich an einen bestimmten Standard gewöhnt, und obwohl ich gesehen hatte, dass immer weniger Geld hereinkam, blieben meine Ausgaben hoch.

Auf einmal fing ich wieder an, Schulden zu machen. Das Finanzamt meldete sich und wollte plötzlich 5 000 Euro auf einen Schlag von mir haben. Dann meldete sich das Finanzamt aus Marl. Ich und mein Vater hatten vor acht Jahren mit meinem Namen eine Firma gegründet, aber vergessen, die Umsatzsteuer zu zahlen. Auf einmal verlangten sie eine Menge Geld von mir, und ich verlor von heute auf morgen alles.

Das ist echt krass. Wie konnte es so weit kommen, Keff?

Das fragte ich mich jeden Tag. Wie konnte ich finanziell so erfolgreich werden, aber tief fallen?

Ich habe meine Tränen getrocknet und habe es nicht mehr länger als Problem, sondern als Herausforderung gesehen.

Ich fing an, nach den Ursachen zu forschen. Ich las viele Bücher über das Geld und das Bankensystem, Bücher von reichen und erfolgreichen Menschen. Nachdem ich all das gelesen hatte, hatte ich eine Art Erleuchtung. Wie ich schon anfangs erklärt habe, lag der Fehler bei mir, in der Erziehung meiner Eltern und bei der Gesellschaft, wie sie über das Geld dachte und wie sie sich gegenüber Geld verhielt. Ich fing also an, mein Verhalten und auch meine Gedanken und Gefühle zu Geldsummen zu ändern.

Heute habe ich keine negativen Schulden mehr. Wenn,

dann nur noch gewinnbringende Schulden. Habe Firmen gegründet und werde bald in die Welt der Immobilien eintauchen. Bücher zu schreiben ist für mich keine Arbeit, sondern Leidenschaft. Das Geld, das ich damit verdiene, ist ein schöner Nebeneffekt. Ich lasse das Geld heute für mich arbeiten.

Ich habe die finanzielle Freiheit, die ich immer schon haben wollte. Ich kann meine Träume verwirklichen, kann die Welt kennenlernen und mein Hobby, das Schreiben, auf der ganzen Welt fortführen. Und das, was ich geschafft habe, war nicht schwierig, nichts Besonderes. Dieses Geheimnis wird auch dir helfen, finanziell sicher zu sein und keine Angst mehr vor deinem Arbeitgeber und der Zukunft zu haben.

Darum waren sogar das Scheitern, die Armut und eine negative Schufa-Auskunft das Beste, was mir passieren konnte.

~

Wohlhabend zu sein ist kein Glück.
Es ist das Wissen über die Finanzen
und der richtige Umgang mit ihnen.

~

Okay, Keff, was hast du jetzt konkret verändert? Wie wird man wohlhabend?

SCHRITT 1
Ändere deine Einstellung gegenüber dem Geld.

Viele von uns wollen mit dem Thema »Geld« nichts zu tun haben, weil unser Umfeld uns so geformt hat. Obwohl das Geld das meiste in unserem Leben bestimmt, hören wir immer wieder dieselben Sätze:

> *»Man spricht nicht über Geld!«*
> *»Geld ist nicht alles!«*

Anstatt uns selber um unsere finanzielle Sicherheit zu kümmern, verlassen wir uns zu sehr auf »die da oben«. Wenn uns gekündigt wird, gibt es ja Arbeitslosengeld, Hartz IV und vieles mehr. Und wenn die Kosten immer höher werden, Rechnungen sich stapeln, fangen wir an, die Schuld nicht bei uns, sondern bei anderen zu suchen. Frust baut sich auf, und wir fangen an, uns zu beschweren.

> *»Wir bekommen nicht genug staatliche Hilfen, die Rente ist zu niedrig. Die Reichen werden immer reicher und wir immer ärmer.«*

Obwohl die Lösung so einfach ist, wollen viele nicht danach greifen, sondern sich auf andere verlassen.

Nicht der Staat oder der Arbeitgeber sind für deine Rente verantwortlich, sondern du selbst solltest die Verantwortung dafür übernehmen.

Fang an, deine Gefühle bezüglich des Geldes nicht mehr negativ zu sehen. Viel Geld zu verdienen oder danach zu streben ist weder gut noch schlecht. Es ist ein neutraler Wunsch, und dein Charakter und dein Verhalten bestimmen darüber, was du damit machst. Es ist auch nicht so, dass das Geld den Menschen versaut.

*Das Geld verdirbt nicht den Menschen,
sondern der Mensch verdirbt das Geld.*

Wohlhabend zu sein ist etwas, was uns in vielen Situationen extrem helfen kann. Mein Wunsch, wohlhabend zu sein, basiert darauf, dass ich diese finanziellen Probleme, die meine Eltern hatten, nicht mehr erleben möchte, und genauso meine Kinder nicht. Diese Existenzängste und dass uns am Ende des Monats der Strom abgeschaltet wurde, all diese Dinge will ich meinen Kindern nicht antun.

Reiche Menschen sind keine schlechten Menschen. Aber wenn du weiterhin mit dem Gedanken durch die Welt läufst, dass es schlecht ist, viel Geld zu besitzen, und dass wohlhabende Menschen schlecht sind, wirst du niemals finanzielle Freiheit bekommen. Denn wenn du negativ gegenüber etwas eingestellt bist, wird es niemals zu dir kommen.

Ein dickes Konto kann dir natürlich keine Liebe geben. Geld kann dir auch keine Familie geben. Jeder gesund denkende Mensch weiß das. Und wenn wir es wissen, warum haben wir Angst, uns damit zu beschäftigen? Hast du Angst, dich zum Negativen zu verändern? Also traust du dir selbst nicht zu, eine starke Persönlichkeit zu bleiben?

Vertrau auf dich und deine Charakterfestigkeit, und du wirst sehen, dass du Stück für Stück positiver gegenüber dem Geld eingestellt sein wirst.

»Ich habe es verdient, wohlhabend zu sein.«

Diesen Satz habe ich mir immer wieder selbst gesagt, und das solltest du ab heute auch tun. Warum solltest du denn nicht verdient haben, wohlhabend zu sein? Was spricht dagegen? Du wirst, wenn du es richtig machst, niemanden beklauen, auch wirst du keine Straftat begehen. Alles, was du tun wirst, ist, deine Gedanken zum Thema »Geld« sowie dein Verhalten verändern und dein Wissen zu erweitern. Die Überzeugung, dass du es verdient hast, reich zu sein, wird dich motivieren und dir Kraft schenken.

SCHRITT 2
Erlange Wissen über Geld und Finanzen.

Was bedeutet Zinseszins?
Was bedeutet Inflation?
Was sind Verbindlichkeiten und Vermögenswerte?

Wenn du diese Fragen nicht beantworten kannst, dann solltest du dringend an deinem Wissen darüber arbeiten. Indem du dir dieses Buch gekauft hast und diesen Raum mit aufmerksam durchliest, machst du die ersten Schritte in die richtige Richtung.

Beschäftige dich mit dem Thema »Geld«, indem du erfolgreiche Bücher von wohlhabenden Menschen liest. Du kannst kein Auto reparieren, wenn du nicht mal weißt, was ein Gaspedal ist. Es kann mit etwas Glück trotzdem funktionieren, aber das Risiko ist hoch, und genauso solltest du auch mit dem Thema »Geld« umgehen.

Viele von uns legen ihr Geld auf Sparbücher und hoffen, dadurch Wünsche und Ziele zu finanzieren oder für ihre Rente zu sorgen. Erinnere dich daran, dass das Geld durch die Inflation an Wert verliert. Das bedeutet, legst du dein Geld auf die Bank, zahlst du im Endeffekt dafür. Investierst du aber dein Geld, vermehrst du es.

Reichtum hat nichts mit Glück zu tun, es sei denn, du spielst Lotto.

Als ich angefangen habe, mehr über das Thema »Finanzen« zu erfahren, habe ich nicht nur aus den Büchern, sondern auch persönlich von erfolgreichen Menschen gelernt. Wie habe ich das gemacht?

Ich habe meine Einstellung gegenüber reichen Menschen geändert. Ich habe damals in Stuttgart bei einem Herrenausstatter gearbeitet. Jede Menge Anzugträger besuchten uns, und die meisten waren in der Finanzbranche tätig. Anstatt ihnen weiterhin mit Ablehnung zu begegnen, habe ich jeden gefragt, was er denn beruflich so mache, und die meisten waren direkt, sodass sie mir detailliert ihr Berufsfeld erklärten.

Darunter waren auch viele Selbstständige, die sehr erfolgreich waren. Ich habe mit all diesen Kunden eine angenehm lockere Unterhaltung geführt und stellte immer dieselben Fragen:

1. Was für Bücher kannst du mir empfehlen, wenn ich finanziell erfolgreich werden möchte?
2. Welche Fehler hast du am Anfang gemacht, die du heute nicht mehr machen würdest?
3. Was für einen Tipp würdest du Menschen geben, die wohlhabend werden möchten (finanzielle Freiheit)?

Ich bemerkte schnell, dass sich fast alle Antworten von den reichen und erfolgreichen Menschen ähnlich waren. Es schien so, als ob es ein bestimmtes Muster für Reichtum gäbe. Ich konnte sehr viele wichtige Informationen aus den Gesprächen entnehmen, die mir neben den Büchern bis heute sehr geholfen haben.

Sei nicht scheu gegenüber Reichen, wenn du ihnen begegnest. Es gibt natürlich auch Blender unter ihnen, aber nach einer Weile wirst du ganz schnell bemerken, wer wirklich ein richtiger Macher ist und wer nicht.

Frage so viel, wie du kannst, und sei dabei stets höflich und charmant. Ich habe gelernt, dass die meisten erfolgreichen Menschen ihr Wissen und geheime Tipps gerne weitergeben und uns denselben Reichtum gönnen.

Durch das Fragen habe ich angefangen zu verstehen, wie reiche Menschen funktionieren und handeln. Wenn du wie ein Millionär denkst und auch so mit deinem Geld umgehst (nicht beim Ausgeben), wirst du deine Chancen erhöhen, zu einem zu werden.

Erweitere dein Wissen, indem du wissbegierig wirst.

Denke wie ein Millionär, und du erhöhst die Chancen, selbst einer zu werden.

Nicht nur von Büchern solltest du lernen, sondern auch von deinem Job. Als Angestellter ist es wichtig, dass du nicht nur von dem Geld profitieren willst, das du jeden Monat überwiesen bekommst. Lerne stattdessen auch von dem Unternehmen, in dem du arbeitest. Was macht es richtig oder falsch? Warum ist das Unternehmen so erfolgreich oder schreibt rote Zahlen? Welche Produkte bietet es an? Und warum kommt es so gut oder nicht mehr so gut an? Was macht es bei schwachen Umsätzen? Welche Lösungen bietet es an? Wie ist das Arbeitsklima? Sei nicht in der Firma, weil du da sein musst. Lerne von dem Unternehmen. Du weißt nie, ob du dieses Wissen nicht irgendwann auch für dich nutzen kannst.

Eine weitere Möglichkeit, um deinen Einblick zu erweitern, sind Seminare von Gründern und reichen Menschen. Auf Events triffst du Menschen, die dieselbe Einstellung mitbringen wie du, finanziell besser zu werden. Das stärkt dein Mindset und motiviert dich weiterzumachen. Bei solchen Events kannst du wichtige Kontakte knüpfen, ein Netzwerk aufbauen und jede Menge Informationen mitnehmen, die für deinen Weg wichtig sein könnten.

Wenn du dein Leben nicht selbst in die Hand nimmst, dann höre weiter zu, was dir die Banken und der Staat erzählen.

Aber denke immer daran:

Eine Bank arbeitet nie für dich. Eine Bank arbeitet für die Menschen, die an den Banken verdienen.

Fange an, dich selber zu fragen, wo deine Interessen liegen. Wenn du dich schon immer für Immobilien interessiert hast, dann hole dir das Wissen über Grundeigentum. Wenn du dich für Aktien interessierst, dann hole dir diese Kenntnisse durch Bücher, Praktika, Aushilfsjobs oder Vollzeitarbeit. Es ist wichtig, dass du dich in den Gebieten, wo du in Zukunft dein Geld arbeiten lassen möchtest, auskennst.

All die Informationen aus den Büchern sowie von den Menschen, die ich kennengelernt habe, und die Veränderungen in meinem Leben lassen mein Konto jeden Tag wachsen.

SCHRITT 3

Verringere deine Ausgaben und Schulden.

Alles, was du besitzt und was dir Geld aus der Tasche zieht, anstatt Geld in die Tasche zu bringen, sind Verbindlichkeiten, und Verbindlichkeiten hindern dich daran, reich zu werden.

Einen negativen Schufa-Eintrag bekommen zu haben und somit für alle Finanzierungsmöglichkeiten gesperrt zu sein war das Beste, was mir passieren konnte. Denn dadurch hatte das Leben mich vor einem Denkfehler geschützt, den Millionen von Menschen immer noch begehen: das Geld, das sie verdienen, nicht wachsen, sondern Monat für Monat, Jahr für Jahr schrumpfen zu lassen.

Sorge dafür, dass du keine **Verbindlichkeiten** mehr, sondern **Vermögenswerte** aufbaust.

Okay, Moment mal, Keff, was genau sind Verbindlichkeiten? Warum sind sie schlecht? Und was genau sind Vermögenswerte, und warum sind sie gut?

Vermögenswerte unterliegen einer Wertsteigerung und bringen dir im besten Fall ein passives Einkommen. Es sind sogenannte Aktivposten, die dafür sorgen, dass Geld auf dein Konto fließt, ohne dass du selbst dafür arbeitest. Das bedeutet, wenn du für gewisse Sachen Geld ausgibst, muss es dir mehr Geld auf dein Konto bringen als vorher. Und das ist das Geheimnis, warum Reiche, ohne selbst zu arbeiten, noch reicher werden.

Vermögenswerte wären:

Immobilien
Du besitzt Immobilien, die du vermietest. Du besitzt Immobilien, die DU renovierst und mit einem höheren Wert wieder verkaufst.

Aktien
Bei Aktienkauf vermehrst du dein Geld durch Dividendenzahlungen und bei Aktienverkauf durch Wertsteigerung.

Internetseiten
Webseiten, bei denen du durch Werbung passives Einkommen generierst.

Du als Person
Du selbst bist auch ein Vermögenswert. Wenn du in deine Bildung und dein Wissen investierst, also Investitionen in Humankapital tätigst, oder ein Talent hast, das nicht viele besitzen, zum Beispiel drei oder vier Sprachen fließend sprichst, wirst du wertvoll für andere Menschen. Das kann dir in der Zukunft mehr Geld einbringen, weil du mehr verlangen kannst als andere.

Kredite
Selbst Kredite können, wenn du sie für eine Investition nutzt, Vermögenswerte sein. Wenn ich mir zum Beispiel bei der Bank 10 000 Euro ausleihe, um mein Buch ins Englische übersetzen zu lassen, das Geld für Marketing und

Werbung nutze und es mir am Ende des Jahres 20 000 Euro eingebracht hat, dann ist ein solcher Kredit auch ein Vermögenswert, weil er mein Kapital erhöht hat.

Dann gibt es noch eine andere Version von Vermögenswerten. Diese sind Aktivposten ohne regelmäßiges passives Einkommen.

Dazu gehören zum Beispiel:

- Kunstwerke
- Antiquitäten, wertvolle Sammlerstücke
- Oldtimer
- Designertaschen
- Uhren, Gold und Edelmetalle

Sie bringen dir zwar kein regelmäßiges Einkommen, aber können durch Wertsteigerung und den Verkauf dein Guthaben erhöhen.

Im Gegensatz dazu stehen Verbindlichkeiten.

Immobilien, die von dir selbst genutzt werden

Viele machen den Fehler, dass sie denken, dass es ein Vermögenswert ist, wenn sie eine Immobilie kaufen oder finanzieren. Selbst genutzte Immobilien sind Verbindlichkeiten, weil sie laufende Kosten erzeugen. Sie ziehen sozusagen Geld aus deiner Tasche.

Aber Keff, ich zahle dafür keine Miete und kann sie ja später vermieten. Warum ist es dann kein Gewinn?

Das ist zwar richtig, aber du hast in der aktuellen Situation laufende Kosten für diese Wohnung. Solange deine Unterkunft dein Guthaben auf dem Konto Monat für Monat nicht erhöht, sondern schmälert, ist es eine Verbindlichkeit und kein Vermögenswert.

Anders würde es aussehen, wenn du eine Wohnung finanzierst und diese direkt vermietest. Auch wenn dir das nur einen Gewinn von 20 Euro gewährt, ist es ein Vermögenswert.

Sparbücher/Tagesgeldkonto

Viele denken, dass sie ein Vermögen wachsen lassen, wenn sie ihr Geld auf ein Sparbuch legen. Das ist aber ein Trugschluss. Mit Sparbüchern kannst du dein Geld nicht vermehren. Im Gegenteil, durch Inflation oder sogar durch Negativzinsen verlierst du Jahr für Jahr Geld. Das bedeutet, all das, was du dir kaufst oder finanzierst oder was dich Geld kostet und seinen Wert nach einer Zeit verliert, sind Verbindlichkeiten. Diese solltest du so gut es geht vermeiden und immer zum Vermögenswert greifen.

Anstatt dein Erspartes für ein Handy auszugeben, das 800 Euro kostet, kauf dir Aktien von der jeweiligen Firma für 800 Euro und gönne dir von den Dividenden irgendwann ein neues Handy.

Geh mit deinem Geld schlau um. Schau ganz genau, was die Dinge sind, auf die du verzichten kannst und die dir jeden Tag Geld aus der Tasche ziehen, anstatt dir Geld in die Tasche zu bringen.

Mach dir eine Liste, und entferne diese Dinge.

SCHRITT 4

Schaffe Vermögenswerte.

Du musst deinen Job nicht kündigen oder direkt eine Firma gründen, um reich zu werden. Du kannst auch nebenbei mit den Einnahmen durch deinen Job Schritt für Schritt wohlhabend werden. Ich habe dir ja schon erklärt, dass du Vermögenswerte schaffen und Verbindlichkeiten vermeiden solltest.

Welche Vermögenswerte gibt es überhaupt, Keff, mit denen ich langsam anfangen kann, wenn ich nicht viel Geld verdiene, aber passives Einkommen haben möchte?

Es gibt viele Wege, passives Einkommen zu generieren.

Am besten gelingt es immer mit Dingen, die dir Spaß machen, und das sind meistens Dinge, die wir als Hobby machen.

Ich habe mein passives Einkommen damit begonnen, dass ich meine Leidenschaft, das Schreiben, zu meinem Beruf gemacht habe. Irgendwann habe ich einfach gemerkt, dass das, was ich auf Instagram postete, bei vielen Menschen gut ankam. Damals war es natürlich eine kleine Zahl von Abonnenten. Ich habe daraufhin meinen Mut zusammengenommen und gesagt, ich schreibe ein Buch. Keiner konnte mir damals sagen, ob es erfolgreich werden würde, aber das ist erst mal nicht das Ziel. Das Ziel ist das Ausprobieren, das Loslaufen, woran viele schon scheitern.

Als ich damals mein Buch herausgebracht habe, war

nicht mein Ziel, Tausende Euros zu machen. Meine Bestre-bung lag darin, erst mal die Schulden, die ich bei meinen Freunden hatte, zu tilgen. Heute habe ich nicht nur die Schulden getilgt, sondern habe mir ein stabiles passives Einkommen erarbeitet.

Das Geheimnis meines Erfolges hatte natürlich viele Gründe, aber einer der wichtigen Gründe war:

~

Habe keine Angst vor Verlust.
Glaube an dich und tue es einfach!

~

Frage dich selber: Was kann ich gut? Was sind meine Stär-ken und Hobbys? Und wenn dein Hobby das Kochen ist, mach doch einen YouTube-Kanal auf und stell deine bes-ten und leckersten Rezepte vor.

Wenn du anfangs nur 50 Leute damit begeisterst, sind es immerhin 50, die es lieben und mögen. Diese 50 werden dich weiterempfehlen, und aus 50 werden irgendwann 100, 1 000 und 10 000 Menschen. Es ist erst mal nur eine Leiden-schaft, aber Leidenschaft verleiht eine entspannte Sicht-weise auf Erfolg. Irgendwann hast du vielleicht so viele Zu-schauer, dass du ein Kochbuch veröffentlichen wirst.

GLAUBE AN DEIN KÖNNEN!

Du zockst gerne Computerspiele? Heutzutage kannst du über YouTube und Twitch deine Spiele streamen und deine Tricks und Tipps weitergeben. Das beste Beispiel ist »MontanaBlack«. Er hat einfach aus seinem Hobby, dem Zocken, Tausende von Euros gemacht, indem er angefangen hat, es zu streamen. Das bedeutet, das Erste, was du versuchen kannst: Mach aus deinem Hobby oder aus deiner Leidenschaft ein passives Einkommen.

Das Problem ist, dass mein Hobby jetzt nicht etwas ist, was ich gerne in ein passives Einkommen verwandeln möchte. Gibt es noch andere Möglichkeiten?

Du kannst für den Anfang passives Einkommen auch durch Dividenden erwirtschaften. Das bedeutet, dass du dir Aktien kaufst.

Wenn du dir zum Beispiel Aktien im Wert von 1 000 Euro kaufst, könntest du jährlich 30 Euro bekommen. Hört sich im ersten Moment sehr wenig an, aber du musst zwei Dinge beachten. Erstens: Du bekommst mehr, als wenn du es bei der Bank lassen würdest. Zweitens: Das Geld arbeitet für dich und bringt dir neues Geld, ohne dass du selbst arbeiten musst.

Aktien können dazu noch ihren Wert steigern, zum Beispiel Aktien von Start-up-Unternehmen. Diese könntest du dann gewinnbringend verkaufen oder durch die Wertsteigerung und den Gewinn der Aktien mehr Dividenden bekommen.

Freies Zimmer vermieten

Wenn du eine größere Wohnung hast und ein Zimmer frei hast, könntest du zum Beispiel das Zimmer, das du nicht benutzt, über »Airbnb« vermieten. So kannst du durch etwas, was du nicht nutzt, ein passives Einkommen erzielen.

Es gibt noch viele weitere Möglichkeiten. Im Anhang empfehle ich dir einige Bücher, falls du dich intensiver mit dem Thema befassen möchtest.

Finanzielle Freiheit durch Frugalismus

Viele Reiche oder Menschen, die schnell die finanzielle Freiheit genießen wollten, haben etwas genutzt, was viele Milliardäre getan haben: Sie lebten frugal. Um dir selbst finanzielle Sicherheit zu geben und durch eigene Kraft früh in die Rente zu gehen oder dein Geld sinnvoll für dich arbeiten zu lassen, gibt es eine Möglichkeit, die sich Frugalismus nennt.

Frugalismus ist in den USA zu einer Zeit zum Leben erweckt worden, als sehr viele keinen Job mehr hatten und in eine Krise gerieten.[8] Sie fingen an, ihr Geld zu sparen, und verzichteten auf Konsum. Das bedeutet, dass sie zum Beispiel nur ein bis zwar Paar Schuhe besaßen und erst, wenn sie kaputtgingen, ein neues Paar kauften. Sie verzichteten auf teure Urlaube und teure Restaurants. Man kann das so zusammenfassen, dass solche Menschen aufgehört hatten, Dinge zu kaufen, die sie nicht unbedingt glücklich machten, sondern nur befriedigten. Trotzdem behielten sie die Freude am Leben. Durch diese Lebensweise hatten sie im Monat mehr Geld zur Verfügung. Studien besagen, dass jeder bis zu 25 Prozent mehr Guthaben jeden Monat haben könnte, unabhängig vom Gehalt, wenn er auf unnötige Ausgaben verzichtet. Dieses Vermögen kannst du in Aktien investieren und somit die Chancen erhöhen, früher in die Rente zu gehen.

Wichtig bei Frugalismus ist, dass du den Überblick über deine Finanzen hast. Du solltest deine bisherigen Ausgaben und Einnahmen genau beobachten und diese auf einem Blatt Papier festhalten. Am besten schaust du ganz genau auf deine Kontoübersicht, was für Ausgaben du jeden Monat hast. Und dann frage dich selbst, auf welche du verzichten könntest. Meistens sind es die kleinen monatlichen Beträge wie Abos, die wir kaum nutzen. Ich habe es selbst auch gemacht und mir alle Ausgaben vom letzten Jahr angeschaut und dabei festgestellt, dass ich Abos und Verträge hatte, die ich entweder nie oder nur ganz selten nutzte. Die Kündigung dieser Verträge brachte mir 150 Euro mehr im Monat.

Angst vor dem Scheitern und vor Geldverlust ablegen

Viele meiner damaligen Freunde haben mich für verrückt gehalten, als ich sagte, mein Traum sei es, ein Buch zu schreiben. Und obwohl Schulden mich belasteten und ich von 125 Euro lebte, hielt ich trotzdem an meiner Vision fest und habe mir sogar nochmals Geld leihen müssen, um diesen Weg als Autor zu gehen. Hätte ich damals Angst gehabt, auf die Schnauze zu fallen, wäre ich niemals das geworden, was ich heute bin.

Scheitern ist kein Verlust.
Scheitern ist eine Erfahrung.

Deshalb ist es sehr wichtig, dass du die Fehler, die du in deinem Leben machst, niemals als etwas Negatives siehst. Fehler lassen uns reifen, lassen uns nachdenken und bringen uns dazu, nach einer besseren Lösung zu suchen.

Ich bin froh, in meinem Leben nichts gehabt zu haben, denn so weiß ich, was ich tun kann, wenn es mal passieren sollte, dass ich nichts mehr habe.

Viele Leute fürchten sich, den ersten Schritt zu machen, und vertrauen darauf, dass ihr Arbeitgeber ihnen finanzielle Sicherheit garantiert.

FAZIT / LETZTE WORTE

Die Corona-Krise hat uns gezeigt, dass niemand dir eine Garantie geben kann, außer du dir selbst. Selbst der Staat kann dir keine Garantie dafür geben, dass du genug Rente bekommen wirst. Deshalb sorge für deine eigene finanzielle Sicherheit.

Wir arbeiten immer mehr und machen gleichzeitig immer mehr Schulden, und das Geld verliert immer mehr an Wert.

Du befindest dich auf einem sinkenden Schiff. Es ist wichtig, dass du dich darauf vorbereitest, wenn das Wasser deine Füße berührt.

Zweifle nicht an dir selbst, zweifle nicht an deinem Können. Anstatt deine Zeit in Lethargie zu vergeuden, nutze sie, um im Leben weiterzukommen. Es gibt nichts Schlimmeres, als wenn du zu Hause mit einer Chipstüte vor dem Fernseher hockst und traurig bist, dass du in deiner Existenz nicht weiterkommst. Bewege dein Leben, indem du dich bildest und nach Lösungen suchst. Dieses Buch, das du gerade liest, beweist, dass du bereit bist, etwas aus deinem Leben zu machen.

Erkenne deine Schwächen und arbeite daran.

Lege deinen Hochmut ab. Arroganz ist nicht nur

schlecht für das Geschäft, sondern auch schlecht für deinen Erfolg. Wer sich für den Besten hält und denkt, er wüsste schon alles über das Leben, der wird eines Tages tief fallen.

～

Du weißt nie alles über das Leben,
weil alles im Leben sich ständig verändert.

～

Hole dir deine finanzielle Freiheit, du bist es wert!

VOR DEM RAUM

Willkommen im letzten Raum »Selbstverwirklichung«.

Viele von uns haben verborgene Wünsche, Träume und Fähigkeiten, die sie bis heute niemandem erzählt haben. Der eine wünscht sich ein eigenes Unternehmen, der andere möchte einmal im Leben eine Weltreise machen.

Während wir an diese Wünsche und Träume denken, sitzen wir in der Bahn oder im Bus auf dem Weg zu unseren Jobs als Bürokauffrau, Kellner oder Verkäufer. Und irgendwo zwischen Träumen und Gegenwart verlieren wir unseren Glauben daran, verdrängen unsere Fähigkeit, die Vision wahr werden zu lassen. Wir gehen lieber den vermeintlich sicheren Weg, weil wir Angst haben zu fallen.

∿

Jeder sagt zu dir: »Es wird nicht einfach sein.«
Es wird für dich nicht einfach sein,
weil du ihren Worten Glauben schenkst.

∿

Ich sage dir, es gibt nicht den perfekten Moment, um etwas zu beginnen. Dieser Moment sollte immer jetzt beginnen.

Ich wurde erst erfolgreich, als ich mich von meiner Beklemmung befreit hatte, alles zu verlieren – mein Geld, meine Sicherheit. All diese Ängste legte ich ab, und mir wurde nach diesem Schritt etwas gegeben, was wertvoller ist als alles Geld der Welt. **Ich habe meine Bestimmung entdeckt und sie angenommen.**

Auch du kannst diesen Weg gehen. Ich werde dir hinter dieser Tür in vier Abschnitten erklären, wie du dich selbst verwirklichen, dich entfalten und die Verwirklichung deiner Visionen und Träume in Angriff nehmen kannst. Denn das, was uns am meisten Angst macht, ist das Unwissen, wie wir die ersten Schritte setzen sollten.

Wenn du bereit bist, diesen letzten Raum mit mir zu betreten und das letzte Geheimnis zu erfahren, dann öffne die Tür.

RAUM 6

Selbstverwirklichung

Du bist mit mir durch fünf Räume gelaufen und bist jetzt im sechsten Raum. Du hast viel gelernt, und vieles verstehst du jetzt besser. Trotz dieses Wissens, das du jetzt hast, gibt es Momente im Leben, die dir deinen Weg zum Erfolg erschweren werden. Mach dir darüber keine Sorgen. Das Erste, was du in diesem Raum verinnerlichen solltest, ist:

～

Liebe die Probleme,
und sie werden dir
keine Angst mehr machen.

～

Ja, du hast richtig verstanden. Hindernisse bringen dich dazu, zu wachsen, zu reifen und vor allem zu lernen. Deshalb solltest du auf deinem Weg nach oben die Angst vor Problemen von dir abstreifen.

Stell dir vor, du würdest auf einem Computer ein Spiel spielen ohne Hindernisse, ohne Probleme. Du würdest irgendwann keinen Sinn mehr darin finden, weil dein Gehirn keinen Reiz darin sieht. Es kann nicht nach Lösungen suchen. Die Freude wäre nicht da, wenn du das Ziel erreichst, weil du weißt, dass es jeder erreichen kann.

Und so ist es auch mit dem Leben. Es ist ein Spiel mit Hindernissen. Wenn du das Ziel erreichst, ist die Freude umso größer, weil viele hinter dir aufgegeben oder erst gar nicht angefangen haben.

Ich werde dir das erste Geheimnis auf dem Weg zur Selbstverwirklichung offenbaren:

1. DIE VISION

Jeder Mensch wird bei seiner Geburt mit einer besonderen Begabung ausgestattet. Der eine besitzt die Fähigkeit, gut singen zu können, der andere kann eine bestimmte Sportart sehr gut. Viele werden diese Begabung erst in ihrer Jugend entdecken, manche nach ihrer Uni, und wieder andere werden diese Begabung erst viel später finden.

Aber wie kann ich herausfinden, was meine Begabung ist, Keff?

Viele von uns denken, ein Talent oder, besser gesagt, eine Berufung ist etwas, was anderen gefallen muss, was auf der Welt nur sehr wenige draufhaben.

Eine Berufung ist etwas, was dich im Leben befriedigt, etwas, was dich erfüllt und einen Sinn in deinem Leben erzeugt.

Manche finden ihre Berufung, indem sie Gott dienen und Priester oder Imam werden. Manche finden ihre Begabung als Redner oder Motivationssprecher. Andere finden sie im Sport oder als Fitnessmodel. Es ist etwas, was du tun würdest, auch wenn du damit kein Geld verdienen könntest, und was in deinem Herzen tiefe Trauer erzeugen würde, wenn man es dir wegnähme. Diese Berufung, diesen Traum oder diese Vision hat jeder Mensch von seiner Geburt an im Herzen.

Ich habe sehr lange gebraucht, um meine Berufung zu entdecken. Aber das Talent ist immer da gewesen, ich habe es nur erst nicht erkannt: **Menschen mit Worten zu berühren.**

Hast du nicht schon mal im Park, im Restaurant oder in der Bahn auf dem Weg zur Arbeit gesessen und dir gedacht: Das würde ich jetzt am liebsten tun? Und ich rede nicht davon, im Wohnzimmer zu sitzen und Netflix zu schauen. Meistens ist es etwas, was wir gerne in unserer Freizeit machen, zum Beispiel ein Hobby.

Warum? Weil wir diese Dinge tun, ohne dafür Geld zu verlangen. Es ist die Befriedigung, die uns glücklich macht. Deshalb sollte man seine Berufung immer zuerst in seinen Hobbys suchen.

Aber wenn es so einfach ist, warum gibt es Menschen, die ihre Berufung nie gefunden haben oder, wenn sie sie erkannt haben, niemals annehmen und wahr werden lassen?

Der Security-Guy im Gehirn

Die wichtigste Aufgabe für deinen Körper besteht darin, so lange wie möglich zu überleben. Deshalb gibt es den sogenannten Security-Guy im Gehirn, der extra eingestellt wurde, um Träume und Visionen zu verbannen, denn diese sind für dein Gehirn zu riskant und somit eine Gefährdung für deine Sicherheit.

Wenn du zum Beispiel einen sicheren Arbeitsplatz hast, mit dem du Lebensmittel, die Miete und andere Rechnungen finanzieren kannst, ab und zu in den Urlaub fahren oder dir Luxusartikel gönnen kannst, dann hast du in deinem Leben ein sicheres Becken. Somit sind deine Überlebenschancen hoch. Vor allem, wenn du dich fortpflanzen möchtest, bietest du deinem Kind damit eine Art »finanzielle Sicherheit«. Dein Gehirn registriert das und sendet dir Gefühle, die dich dazu bringen, diesen Platz nicht zu verlassen. Das Gehirn stellt deine Absicherung über deine Wünsche und Träume. Deshalb tun wir auch alles, was der Chef sagt, damit uns bloß nicht gekündigt wird.

Eines Tages wird aber das Verlangen nach deinem Wunsch stärker, und dein Gehirn aktiviert den Security-Guy. Er versucht, dir erst mal all diese negativen Punkte einzuflüstern:

- Wie willst du das finanzieren?
- Hast du wirklich das Wissen dazu?
- Was ist, wenn kein Geld generiert wird?
- Du wirst dich verschulden und machst damit dein Leben kaputt.
- Willst du wirklich einen Job aufgeben, den jeder gerne hätte?

Bei manchen klappt der erste Versuch, und sie geben dem Security-Guy recht. Sie verwerfen diesen Wunsch wieder und somit ihre Berufung.

Es gibt aber auch die, die diese Stimme im Kopf erst mal ignorieren und danach anfangen, sich intensiver mit diesem Wunsch zu beschäftigen. Der Security-Guy fängt jetzt an, größere Geschütze aufzufahren. Sobald wir zur Bank gehen und über einen möglichen Kredit reden, werden wir enttäuscht, weil wir keinen kriegen, und in der Folge zweifeln wir an unseren Wünschen und Träumen. Wenn wir zum Beispiel gerne kochen und das Ganze auf YouTube veröffentlichen und nur 50 Views bekommen haben, fangen wir an zu zweifeln. Wenn wir mit Freunden darüber reden, sagen die zu uns, dass es sehr riskant sei, und wir werden von allen Seiten mit Zweifeln überschüttet.

Der Security-Guy im Gehirn versucht, jede Möglichkeit zu nutzen, egal wie klein sie ist, um uns ins Zweifeln zu bringen, bis wir irgendwann einbrechen und sagen, dass es doch keine so gute Idee war. Und somit haben wir unseren Traum beerdigt.

Wie kann ich den Security-Guy überlisten, Keff?

Erkenne, dass es so etwas wie Sicherheit nicht gibt. Sicherheit ist etwas, was in deinen Kopf hineinprojiziert wird. Natürlich gibt es Arbeitgeber, die dir einen super Lohn zahlen und bei denen du eine Festanstellung bekommst. Aber die Corona-Krise hat uns gezeigt, dass es jeden treffen kann, vor allem die Mittel- und Unterschicht. Firmen melden Insolvenz an. Menschen werden entlassen.

Nicht nur, dass es keine wirtschaftliche Sicherheit gibt. Bedenke auch, dass du jeden Tag plötzlich krank werden oder einen Unfall haben könntest, und dann ist dir diese Sicherheit nichts mehr wert.

Ich habe mich früher zu sehr an diese Sicherheit geklammert, immer alles getan, was mein Arbeitgeber mir befohlen hat. Und nachts träumte ich davon, etwas Eigenes zu erschaffen, worüber Menschen nach meinem Tod immer noch reden würden. Ich wusste immer schon, dass ich für etwas Besonderes bestimmt war, und erst als ich mich von dieser Selbsttäuschung befreit hatte, dass nur ein sicherer Arbeitsplatz ein gutes Leben bedeutet, wurde ich so richtig glücklich im Leben. Was hatte ich denn schon zu verlieren?

Du wirst niemals verlieren, wenn du deinem Traum folgst. Du hast erst verloren, wenn du im Sterbebett liegst und weinst, weil du alles gemacht hast, aber niemals das, wonach sich dein Herz sehnte.

Ich hatte Angst, dass ich am Ende meines Lebens traurig darüber sein würde, dass ich dies oder das nie versucht hätte. Finde deine Bestimmung und werde glücklich.

Das Haus-bauen-Prinzip

Ein Haus wird niemals gebaut, wenn das Fundament nicht steht. Das bedeutet, wenn du einen Traum hast, dann ist das Wissen darüber dein Grundstein. Kümmere dich erst mal noch nicht darum, wie du das finanziell stemmen sollst. Nur das bloße Lesen und Informieren wird deinen Security-Guy ruhig halten.

Im nächsten Step kannst du dir aufschreiben, welche Finanzierungsmöglichkeiten es gibt. Auch hier ist es wichtig, dass du das Ganze erst mal nur aufschreibst, um Ideen zu sammeln. Dann fängst du an, Seminare oder Veranstaltungen zum Thema »Unternehmensgründung« zu besuchen. Durch diese ganzen Infos gibst du deinem Gehirn das Wissen, dass die Gefahr zu fallen gering ist, da du ja weißt, was du tust, und so wird dein Gehirn den Security-Guy ruhigstellen.

~

Erfolg ist kein Glück, GLAUBE AN DICH!

~

Ein wichtiger Satz, den ich in den letzten fünf Jahren gelernt habe. Jeder kann Erfolg zu sich ziehen. Der Gedanke, das ich für etwas Größeres bestimmt bin, wurde zwar in manchen Situationen schwach, aber wie du in den anderen Räumen bereits gesehen hast, zog ich mich immer wieder aus diesem Hamsterrad.

Der Erfolg beginnt damit, wie du dich selbst siehst. Und da fängt die Selbstliebe an. Wenn die Liebe zu dir selbst nicht vorhanden ist, wird sie auch niemals für deinen Weg zum Erfolg vorhanden sein.

Viele Leute verwechseln Eigenliebe mit Arroganz.

Arroganz bedeutet, dass du dich für etwas Besseres hältst als den Rest der Gesellschaft. Selbstliebe bedeutet, dich ganz unabhängig von der Gesellschaft für großartig zu halten.

Wenn du deinen Wert als Mann oder als Frau kennst und dir selbst sagst, dass du besonders bist, werden dir die Meinungen anderer Menschen plötzlich egal sein.

Ich wollte als schwarzer Mann in Deutschland ein Buch über die Liebe schreiben. Und die meisten Menschen sagten zu mir: »Wer soll das kaufen? Dich kennt doch niemand.« Aber die Überzeugung, dass ich gut bin, dass ich lernfähig bin und keine Angst habe zu versagen, hat mich zu einem Bestsellerautor gemacht.

Weißt du, warum die meisten Menschen dir sagen: »Sei vorsichtig, das kann in die Hose gehen. Bist du dir sicher, dass du das machen möchtest?«

Weil die meisten gerne selbst diesen Weg gehen würden, den du gehen möchtest. Da sie aber selbst nicht den Mut und die Vorstellungskraft dazu haben, versuchen sie, dich zu warnen, nach dem Motto: »Ich würde so etwas niemals tun. Bist du sicher, dass DU es tun möchtest?«

Diese Menschen wollen dich daran hindern, dass du ihnen zeigst, dass du im Recht bist.

Sobald die Menschen dir sagen: »Es wird nicht so einfach«, ist es deren Sicht auf diese Sache. Sobald wir diese Sicht annehmen und anfangen zu sagen: »Es wird nicht einfach«, haben wir ihre Angst und ihre Zweifel übernommen. Das Leben ist weder schwer noch leicht. Es sind unsere Gedanken und Gefühle, die dieser Welt Liebe, Wut oder Trauer einhauchen. Deine eigenen Gefühle und Gedanken bauen die Welt, in der du lebst. Schlechte Gefühle und Gedanken erzeugen eine schlechte Welt, gute erzeugen eine gute Welt.

~

Glaube an deine Fähigkeit, und halte dich selbst für ein Unikat, für jemand Besonderes, der etwas Besonderes erschaffen wird.

~

2. DIE PASSION

Die Hingabe an deine Berufung sollte niemals unterbrochen werden. Wie ich im Raum »Glaube und Gott« schrieb, ist das Bekenntnis zu deinem Wunsch elementar, und genauso bedeutsam ist auch der Glaube an dich selber.

Sieh dich niemals als einen perfekten Menschen, sieh dich immer als einen lernfähigen Menschen. Denn dieser darf Fehler machen, darf hinfallen und muss wieder aufstehen.

Lass dir doch mal von deinen Eltern erzählen, wie oft du gefallen bist, bis du selbstständig laufen oder Fahrrad fahren konntest. Wie viele blaue Flecken hast du dir beim Spielen geholt? Hast du in dieser Zeit aber jemals an dir selbst gezweifelt und dein Leben aufgegeben? Sicherlich hast du geweint und warst auch mal traurig, aber du hast als Kind weitergemacht, immer weiter und weiter, und bist zu einer Frau oder einem Mann gereift. Und so wird es auch mit deinem Traum sein. Er wird sehr oft hinfallen, sich verletzen, weinen und jammern, aber er wird reifen, Erfahrungen sammeln und groß und stark werden.

~

Es ist die Passion,
die uns stärkt und unsere
Vision zusammenhält.

~

Ich verstehe, was du meinst, Keff, aber manchmal ist es
so, dass ich zwar diesen Wunsch habe und auch wirklich
daran arbeiten will, aber dann kommt der innere Schwei-
nehund. Du kennst das sicherlich auch. Wie beim Sport –

*du willst es unbedingt, aber dann sagt dir die innere
Stimme: »Tu es morgen, ruh dich heute mal aus.«*

Wie du deinen inneren Schweinehund besiegst

Wir haben ein wichtiges Projekt zu erledigen oder nehmen
uns vor, öfter zum Sport zu gehen und bis zum Sommer
fünf Kilo abzunehmen. Doch dann gehen wir doch nicht
so oft, wie wir gehen sollten, und dann kommen die Momente des Zweifelns.

Hier ist mein Rat, wie du damit umgehen kannst:

Schreibe dir deine vergangenen Erfolge auf.

Ich habe in meiner Wohnung eine Ecke, die ich »**Keff's
Hall of Fame**« nenne. Jeden Weg, den ich erfolgreich gegangen bin, habe ich in einem Notizbuch festgehalten –
das erste Mal Platz 1 auf »Amazon«, schließlich auf Platz 21
in der SPIEGEL-Bestsellerliste. All meine Bücher habe ich
in einer Vitrine präsentiert sowie Poster gedruckt und sie
in einen Rahmen gesteckt.

Warum tat ich das? Um mich selbst daran zu erinnern,
was ich schon alles erreicht habe. Durch diese Erinnerung
an alte Erfolge kann ich mich jeden Tag selbst motivieren.
Ich weiß, dass ich ein Gewinner sein kann, wenn ich nur
dranbleibe und niemals aufgebe.

Wenn du noch nicht solche Erfolge verbuchen kannst,
ist es auch nicht schlimm. Jeder von uns hat andere Erfolge, die er präsentieren kann. Zum Beispiel hast du vielleicht dein/e Abitur/Ausbildung/Uni geschafft oder bei
einem Wettbewerb Platz 1 gemacht.

Jeder von uns hat diese Erfolge. Schreibe sie auf, und

erinnere dich daran, dass du Dinge schaffen kannst, wenn du fest daran glaubst.

Du bist ein Gewinner, wenn du es sein willst, nicht, wenn andere es wollen.

Erledige deine Aufgaben morgens.

Egal ob du an deinem Körper arbeiten, ein Buch schreiben oder dich weiterbilden willst, tue es bevorzugt morgens. Denn morgens ist dein Gehirn nicht nur leistungsfähiger, es hat zudem den großen Vorteil: Je früher du mit den wichtigen Dingen anfängst, desto eher bist du fertig und kannst die restlichen Stunden damit verbringen, dich selbst zu verwöhnen – einen Film schauen, Essen gehen etc.

Verschiebst du aber das Ganze zum Beispiel auf abends, ist dein Gehirn auf Ruhemodus programmiert. Du wirst abgelenkter sein und nicht mehr aufnahmefähig. Außerdem verlierst du die Motivation, da dein Körper dir immer wieder sagen wird, jetzt endlich ins Bett zu gehen. Das Gefühl des Nichts-geschafft-Habens tritt auf, und am nächsten Tag fühlst du dich schlecht. Deshalb fange morgens direkt mit allen Erledigungen, Projekten und Plänen an.

Erledige deine Aufgaben mit gesunder Nahrung.

Gewöhne dich daran, bei deinen Projekten und Zielen stets genug zu trinken (Wasser, Tee, Kaffee; keine Fruchtsäfte oder Energie-/Softdrinks).

Verbanne Süßigkeiten und Chips, denn diese haben

keine wertvollen Nährstoffe und sind kontraproduktiv für dein Gehirn. Nimm dafür während deiner Arbeit viel Obst oder verschiedene Nüsse zu dir. Der Fruchtzucker und die Nährstoffe halten dein Gehirn fit, und du wirst an Leistung dazugewinnen.

Zerteile deine Ziele.

Ich habe früher immer den Fehler gemacht, dass ich ein Ziel oder eine Vision hatte, zum Beispiel 100 000 Bücher zu verkaufen, und mich nur auf diese eine Zahl versteift habe. Wenn es aber in einem Monat nicht so gut lief, habe ich mich schlecht gefühlt und dachte, dass ich dieses Ziel doch nicht mehr schaffen werde. Seitdem wende ich einen Trick an, den ich Ziel- oder Visionszerteilung nenne. Das bedeutet, dass du dir, wenn du zum Beispiel bis zum Sommer zehn Kilo abnehmen möchtest, dieses Ziel zerteilst und dich darauf konzentrierst, ein bis zwei Kilo pro Monat zu schaffen. Nicht nur, dass es dir den Druck wegnimmt, es lässt dich auch besser planen. Solltest du in einem Monat sogar drei Kilo schaffen, ist es ein sehr starker Push, der dir nochmals helfen kann, das Ganze eher zu schaffen.

Um körperlich fit zu bleiben, ist ein gesunder Schlafrhythmus sehr wichtig und vor allem, genug Schlaf zu haben. Ärzte empfehlen, sieben bis acht Stunden zu schlafen, um den Tag ohne Ermüdungserscheinungen zu erleben.

3. DIE PRÜFUNG

Auf dem Weg nach oben wirst du immer wieder geprüft. Wenn du ein gläubiger Mensch bist, ist es Gott, der dich immer wieder prüfen wird.

Wie sehen solche Prüfungen aus?

Meistens ist es so, dass wir zwar an ihn glauben und fest davon überzeugt sind, dass er uns helfen wird, aber dadurch, dass wir dabei oft die Geduld verlieren, prüft er diese. Glauben wir immer noch, dass wir es schaffen können, auch wenn es jetzt schon zwei Jahre dauert? Oder verlieren wir den Glauben schnell?

Du wirst auf dem Weg deines Erfolges immer wieder auf große Steine treffen. Es wird dich viel Kraft kosten, sie zur Seite zu schieben. Manchmal passiert etwas so Heftiges, dass man seinen Traum förmlich zerplatzen sieht. Vielleicht kommen dir dann die Tränen, und du fragst dich, womit du das verdient hast. Aber das gehört alles zur Prüfung. Wie ich schon erklärt habe: Der Weg zum Erfolg ist wie ein Videospiel, es gibt viele Hindernisse, und bei manchen muss man immer wieder von vorne beginnen. Alle Superhelden wie Batman und Spiderman haben immer einen Gegner, der versucht, ihnen alles zu vermasseln. Und selbst die Stärksten waren irgendwann an einem Punkt, wo sie am Boden lagen und nicht mehr konnten. Aber sie bündelten nochmals ihre Kräfte und waren fest entschlossen, die Welt zu retten.

Weißt du, warum Superhelden so beliebt sind? Weil sie auch ihre schwachen Momente zeigen, Momente der Tränen, Momente der Schwäche. Und weil sie in schwachen Momenten nicht aufgeben.

Sei dein Superheld.

Als ich damals mein ganzes Geld verloren hatte und das Finanzamt plötzlich Geld sehen wollte, war ich am Ende, ich war wieder bei null. Aber ich bin froh, diese Erfahrung gemacht zu haben. Sie hat mich reifen und mich meine Fehler erkennen lassen.

Es gibt auf dem Weg zu deinem Erfolg viele Proben, die du bestreiten wirst. Es gibt aber Fehler, die du von Anfang an vermeiden solltest. Ich werde dir jetzt einige präsentieren.

Arroganz und Hochmut

Als ich die ersten Erfolge hatte und anfing, Tausende Bücher zu verkaufen, spürte ich plötzlich, was es heißt, *fame* zu sein. Tausende von Menschen schrieben mir. Ich wurde gelobt, bewundert, geliebt. Für mich war es ein Schock, weil ich diese Aufmerksamkeit bis dato nicht kannte. Es gibt manche, die mit dieser Situation umgehen können, aber auch viele, die nicht damit klarkommen, und ich war einer davon.

Ich hatte plötzlich viel Geld und Ruhm, und ich fing an, arrogant zu werden. Ich hielt mich für extrem schlau, für den Besten. Und so fing ich auch an, andere Menschen zu behandeln, sogar meine Leser, die mich auf der Straße erkannten oder mir Nachrichten schickten. Und diese negative Ausstrahlung hat wahrscheinlich auch am Ende dazu geführt, dass ich wieder alles verlor.

Deshalb warne ich dich: Hebe bei deinen Erfolgen nicht ab.

Du weißt nicht alles im Leben,
solange du am Leben bist.

Behandle Menschen trotz deines Erfolges mit Respekt. Wenn du zum Beispiel ein Produkt verkaufen möchtest, sind es deine Kunden, die dir die Früchte deiner Arbeit ermöglichen. Es ist deren Geld, das sie dir freiwillig geben. Bedanke dich, indem du höflich und respektvoll bleibst.

Wie ich schon in Raum 1 erklärt habe:

Wer negative Gedanken sendet,
empfängt auch Negatives.

Du musst dir immer die Frage stellen: wenn du zum Beispiel in ein Restaurant gehst und der Besitzer dieses Restaurants sehr arrogant und hochnäsig ist, würdest du dich wohlfühlen oder wiederkommen? Sicherlich nicht.

So, wie du willst,
dass andere Menschen sich benehmen,
so solltest du dich auch benehmen.

Sende so viel Liebe, wie du nur kannst. Hilf Menschen, wenn sie deine Hilfe brauchen. Erwarte nicht, dass du etwas von den Menschen wiederbekommst, erwarte, dass du etwas von Gott (dem Universum) wiederbekommst.

Betrügen und belügen

Auf dem Weg zu unserem Erfolg kann es passieren, dass wir schnell auf den Geschmack kommen, zu lügen oder zu betrügen. Was du aber bis jetzt zum Glück gelernt hast, ist, dass alles wiederkommt. Und Gott (das Universum) antwortet schneller, als du es erwartest. Wie viele Firmen/Personen kennst du, die Kunden belogen und betrogen haben und das Ganze irgendwann herausgekommen ist?

Auf dem Weg zum Erfolg ist es eine Prüfung, die du erkennen solltest. Lasse dich niemals dazu verleiten, zu lügen oder zu betrügen, um deinen Durchbruch zu bekommen, denn das wirst du früher oder später teuer bezahlen. Gott (das Universum) wird gute Herzen beschenken, daran musst du fest glauben. Zweifle nicht daran.

~

Die Liebe wurde dir gegeben,
um sie zu empfangen
und weiterzugeben.

~

Erfinde dich immer wieder neu

Nachdem ich meine Romane zu Ende geschrieben hatte, habe ich einen Fehler gemacht, den sehr viele erfolgreiche Menschen machen: Ich habe mich auf meinem Erfolg ausgeruht und aufgehört, mich neu zu erfinden.

Was heißt das genau, Keff?

Kennst du das Unternehmen »Schlecker«?

2008 machten europaweit mehr als 14 000 Filialen mit ca. 50 000 Mitarbeitern einen Jahresumsatz von über sieben Milliarden Euro (Quelle: Wikipedia), und es war eines der erfolgreichsten Unternehmen Europas. Doch dann haben sie aufgehört, sich neu zu erfinden. Drogerieketten wie »dm« traten mit neuen Konzepten und attraktiveren Angeboten in den Ring. Schlecker verlor den Ringkampf und musste Insolvenz anmelden.

In deinem Leben darf es niemals passieren, dass du eine Vision mit einem konstanten Inhalt hast.

Entweder gehst du mit der Zeit, oder du gehst mit der Zeit.

Erfinde dich immer wieder neu. So wie du neue Möbel für deine Wohnung oder neue Klamotten für deinen Körper kaufst, so musst du auch deine Träume und Visionen behandeln. Suche nach neuen Herausforderungen, denn diese halten deinen Geist und deinen Körper fit.

Meine Herausforderung ist es, im Jahr 2021 weitere Bücher zu veröffentlichen. Unter anderem reizt mich der Gedanke, ein Kinderbuch zu schreiben. Ich möchte aber auch gerne eine Europareise und danach eine Weltreise machen und diese filmen. Danach würde ich gerne eine eigene Kosmetiklinie herausbringen. Es sind unzählige Visionen und Träume, neue Herausforderungen, die mich immer wieder arbeiten lassen. Ich sehe diese Ziele, die ich mir selber setze, nicht als Last, ich sehe sie als Training für mein Gehirn.

4. DIE FRÜCHTE

Die Früchte meiner Arbeit waren nicht das Geld oder der Ruhm. Die Früchte meiner Arbeit waren, den Glauben an mich selber wiedergefunden zu haben und diesen immer, bis ich sterbe, für meine Visionen einsetzen zu können. Mit diesem Glauben schrieb ich bis heute sechs Bücher und lebe von den Verkäufen.

~

Die Frucht deiner Arbeit
ist der Glaube an dich selber.

~

Was ist dann der Erfolg, wenn die Frucht der Glaube ist?

Der Erfolg ist das Gericht, das man aus den Früchten gemacht hat. Dieses wird dir vom Universum serviert, und du kannst es genießen. Der Lohn meiner Arbeit hat mir eine neue Welt eröffnet, so viele Möglichkeiten. Und dafür brauchte ich kein Geld und keine Hilfe von anderen.

Ich kann meiner Mutter helfen und meinen Brüdern die Schule bezahlen. Aber die größte Befriedigung war, als ich erkannte, dass es wirklich funktionierte, dass Gott (das Universum) für dich arbeitet, wenn du nicht daran zweifelst, wenn du deine Liebe im Herzen behältst und jede Person mit Respekt behandelst.

~

Es gibt kein schöneres Gefühl für mich,
als meinen Traum zu leben und
von meinem Traum zu leben.

~

Ich möchte, dass du, nachdem du die letzten Seiten dieses Buches gelesen hast, aufstehst und endlich anfängst, dein Leben in die Hand zu nehmen. Lege es nicht in die Hände deines Arbeitgebers oder des Staates.

Ich möchte, dass du voller Energie, Liebe und Glauben anfängst, an deinen Visionen zu arbeiten. Ich möchte, dass du deine Berufung findest.

Was sind deine Fähigkeiten?
Warum lebst du und für wen?
Wofür brennt dein Herz?

Wir sind nicht geboren, um Träume anderer Menschen wahr werden zu lassen oder sie am Leben zu erhalten. Wir sind geboren, um unser Leben lebenswert zu machen, mit all seiner Schönheit, seiner Liebe und seinen Geheimnissen.

ENDE

NACHWORT

Liebe Leserin, lieber Leser.

Mit dem Verlassen dieses letzten Raumes ist die Zeit gekommen, uns zu verabschieden. Deine Reise geht ab heute ohne mich weiter. Ich hoffe, dass mein Ratgeber für dich ein Mehrwert gewesen ist und du vieles hast besser verstehen können, um neue Ziele und Wünsche zu verwirklichen.

Lege dieses Buch aber nicht zu weit weg. Ein Weg kann sehr steinig werden, und oft verlieren wir dabei unsere Motivation und unseren Mut. In diesen Momenten solltest du diese Lektüre wieder in die Hand nehmen, um dir selbst Kraft zu schenken und dein Wissen aufzufrischen.

Du hast die Fähigkeit und das Wissen, alles zu erreichen, was du dir vornimmst. Habe Vertrauen zu dir selbst, ich glaube fest an dich.

Sei geduldig mit dir selbst, verliere niemals deine Hoffnung, achte auf deine Seele und lasse sie niemals verkommen. Du hast das Beste in deinem Leben verdient.

Dein
Keff Vidala

ANHANG

Hier sind einige Bücher, die ich empfehlen kann, um dein Wissen zu den Räumen zu erweitern. Viel Spaß!

Raum 1

Michael J. Losier, *Das Gesetz der Anziehung. Meister werden in der Kunst des Lebens.* Aus dem Englischen übersetzt von Juliane Molitor. München 2010.

Rhonda Byrne, *The Secret – Das Geheimnis.* Aus dem Englischen übersetzt von Karl Friedrich Hörner. München 2007.

Napoleon Hill, *Think and Grow Rich.* Ungekürzte und unveränderte Originalausgabe von 1937. Aus dem Amerikanischen übersetzt von Petra Pyka. München 2018.

Anthony Robbins, *Das Robbins Power Prinzip. Befreie deine innere Kraft.* Aus dem Amerikanischen übersetzt von Charlotte Franke und Christian Quartmann. Berlin 2004.

Raum 2

Dale Carnegie, *Wie man Freunde gewinnt. Die Kunst, beliebt und einflussreich zu werden.* Aus dem Amerikanischen übersetzt von Heidi Hänseler. Frankfurt a. M. 2011.

Joe Navarro, *Menschen lesen. Ein FBI-Agent erklärt, wie man Körpersprache entschlüsselt.* Aus dem Amerikanischen übersetzt von Dr. Kimiko Leibnitz. München 2010.

Kristin Berger-Loewenstein, *Emotionale Intelligenz – Gefühle verstehen*. 2019.

Stefanie Lorenz, *Vergangenheit loslassen. »Das lasse ich hinter mir …«*. 2020.

Stefanie Stahl, *Das Kind in dir muss Heimat finden. Der Schlüssel zur Lösung (fast) aller Probleme*. München 2015.

Raum 3

Megan Devine, *Es ist okay, wenn du traurig bist. Warum Trauer ein wichtiges Gefühl ist und wie wir lernen, weiterzumachen*. Aus dem Amerikanischen übersetzt von Martin Bauer. München 2018.

Doreen Frei, *Trauer um Mutter oder Vater: 9 heilsame Wege, wie Sie den Tod verarbeiten und nach dem schweren Verlust weitermachen*. 2020.

Katrin Biber, *Larissas Vermächtnis*. München 2020.

Keff Vidala, *Bis die Liebe uns findet*. 2021.

Raum 4

Ulrike von Aufschnaiter, *Deutschlands kranke Kinder. Wie auf Anweisung der Regierung Kitas und Schulen die Gesundheit unserer Kinder schädigen*. Hamburg 2019.

Bas Kast, *Der Ernährungskompass. Das Fazit aller wissenschaftlichen Studien zum Thema Ernährung*. München 2018.

T. Colin Campbell, Thomas M. Campbell, *China Study: Die wissenschaftliche Begründung für eine vegane Ernährungsweise*. Übersetzt aus dem Amerikanischen von Petra Zimmermann. 4. überabeitete u. erweiterte Aufl. Bad Kötzing 2017.

Michael Greger, *How Not to Die. Entdecken Sie Nahrungsmit-*

tel, *die Ihr Leben verlängern und bewiesenermaßen Krank-*
heiten vorbeugen und heilen. Übersetzt aus dem Englischen
von Julia Augustin. Kandern 2016.

Giulia Enders, *Darm mit Charme: Alles über ein unterschätz-*
tes Organ. Berlin 2014.

Raum 5

Robert Kiyosaki, *Rich Dad Poor Dad: Was die Reichen ihren*
Kindern über Geld beibringen. Übersetzt aus dem Amerikanischen von Kristine Kaliuwet u. a. München 2015.

Napoleon Hill, *Think and Grow Rich.* München 2018.

Günter Faltin, *Kopf schlägt Kapital. Die ganz andere Art, ein*
Unternehmen zu gründen. München 2008.

Florian Wagner, *Rente mit 40. Finanzielle Freiheit und Glück*
durch Frugalismus. Berlin 2019.

Alexander Goldwein, *Geld verdienen mit Wohnimmobilien.*
Erfolg als privater Immobilieninvestor. Köln 2021.

Bernd Ebersbach, *Intelligent investieren in Immobilien: Die*
Schnellstart-Anleitung für Einsteiger. 2020.

Christian W. Röhl, Werner H. Heussinger, *Cool bleiben und*
Dividenden kassieren. Mit Aktien raus aus der Nullzins-
Falle. München 2017.

Raum 6

Viktor E. Frankl: *Der Mensch vor der Frage nach dem Sinn.*
München 1985.

Paulo Coelho, *Veronica beschließt zu sterben.* Aus dem Brasilianischen übersetzt von Maralde Meyer-Minnemann.
Zürich 2002.

Paulo Coelho, *Der Alchemist*. Aus dem Brasilianischen übersetzt von Cordula Swoboda Herzog. Zürich 2008.

Khalil Gibran, *Der Prophet*. Aus dem Englischen von Giovanni und Ditte Bandini. München 2003.

Oliver Bantle, *Yofi oder Die Kunst des Verzeihens*. Freiburg 2015.

Rhonda Byrne, *Hero*. Aus dem Englischen übersetzt von Eva Bornemann. München 2013.

Alle Bücher von John Strelecky

Die Bibel

Der Koran

ANMERKUNGEN

1 s. Bericht des NGO Humanium: »Kinder in der Demokratischen Republik Kongo« unter https://www.humanium.org/
   de/demokratischerepublikkongo, letzter Zugriff Mai 2021.

2 zu den Auswirkungen von industriell gefertigten Nahrungsmitteln auf unsere Gesundheit vgl. folgende Artikel:
   Nina Weber, »Steigern stark verarbeitete Lebensmittel
   das Krebsrisiko?« auf https://www.spiegel.de/gesundheit/
   ernaehrung/fertignahrung-erhoehen-stark-verarbeitete-
   lebensmittel-das-krebsrisiko-a-1193713.html, veröffentlicht
   am 16. 02. 2018, Julia Poggensee, »Neue Studie: Stark verarbeitete Lebensmittel erhöhen das Krebsrisiko« auf https://
   www.fitforfun.de/news/studie-stark-verarbeitete-
   lebensmittel-erhoehen-das-sterberisiko-341478.html, veröffentlicht am 14. 02. 2019 sowie Kathrin Burger, »Hoch-
   verarbeitete Lebensmittel: Ungesund oder doch völlig
   harmlos?« auf https://taz.de/Hochverarbeitete-Lebens-
   mittel/!5614296/, veröffentlicht am 10. 08. 2019.

3 zum Pharmalobbyismus vgl. den Artikel auf https://www.
   spiegel.de/wissenschaft/medizin/bezahlte-forschung-
   mediziner-werfen-pharmafirmen-manipulation-von-
   studien-vor-a-690328.html, veröffentlicht am 21. 04. 2010,
   den Bericht der Bundesärztekammer unter https://cdn.
   aerzteblatt.de/pdf/107/17/m295.pdf?ts=22%2E04%2E2010
   +10%3A07%3A35, veröffentlicht am 31.04.2010 und den

Projektbericht des Ärztlichen Zentrums für Qualität in der Medizin auf https://www.bundesaerztekammer.de/fileadmin/user_upload/downloads/Arzneimittelstudien-2b.pdf vom Oktober 2011 sowie den Artikel unter https://www.der-arzneimittelbrief.de/nachrichten/manipulation-von-studienergebnissen-durch-den-sponsor-beispiel-valsartan/, in: AMB 2014, 48.

4   vgl. den Beitrag unter https://www.krebshilfe.net/information/krebs-krebsrisiko/familiaere-veranlagung, letzter Zugriff Mai 2021, den Bericht der WHO unter https://www.euro.who.int/de/health-topics/noncommunicable-diseases/cancer/news/news/2011/02/cancer-linked-with-poor-nutrition, veröffentlicht am 04. 02. 2011 sowie Hartmut Wewetzer, »Neue Studie zu genetischen Mutationen: Krebs ist meist blanker Zufall« auf https://www.tagesspiegel.de/wissen/neue-studie-zu-genetischen-mutationen-krebs-ist-meist-blanker-zufall/19563596.html, veröffentlicht am 23. 03. 2017 und auch Prof. Dr. Ines Heinl, »Einflüsse der Ernährung auf die kindliche Entwicklung« auf https://www.familienhandbuch.de/gesundheit/ernaehrung-kindheit/einfluessederernaehrungaufdiekindlicheentwicklung.php, zuletzt geändert am 16. 03. 2016.

5   zu den negativen Auswirkungen von Fleischkonsum vgl. Joachim Czichos, »Großstudie bestätigt Zusammenhang zwischen Diabetes und Fleischkonsum« auf https://www.wissenschaft-aktuell.de/artikel/Grossstudie_bestaetigt_Zusammenhang_zwischen_Diabetes_und_Fleischkonsum_1771015587843.html, veröffentlicht am 11. 08. 2011 und den Artikel »Wie gefährlich ist rotes Fleisch wirklich?« auf https://www.stuttgarter-nachrichten.de/inhalt.neue-studie-fuehrt-zu-kontroverse-wie-gefaehrlich-ist-rotes-

fleisch-wirklich.4428b637-c5e6-4acb-b969-935221ccda6b. html, veröffentlicht am 01.10.2019.

6 zur entzündungsfördernden Wirkung von Schweinefleisch vgl. den Artikel unter: https://www.welt.de/gesundheit/article5094310/Fuer-Rheumatiker-ist-Schweinefleisch-tabu.html, veröffentlicht am 05.11.2009.

7 vgl. Thilo Bertsche, Martin Schulz, »Omega-3-Fettsäuren bei Depressionen« auf https://www.pharmazeutische-zeitung.de/inhalt-33-2004/pharm3-33-2004/, veröffentlicht am 09.08.2004.

8 zum Frugalismus vgl. Hannah Petterson, »Frugalismus: Mit 40 in Rente« unter https://www.humanresourcesmanager.de/news/frugalismus-oliver-noelting-mit-40-in-rente.html, veröffentlicht am 04.04.2020 oder den Artikel über Lars Hattwig auf https://www.spiegel.de/lebenund-lernen/job/frugalisten-lars-hattig-hat-sich-bereits-mit-mitte-40-in-den-ruhestand-gespart-a-1205203.html, veröffentlicht am 27.04.2018.

Kann ein Buch dir Liebe, Hoffnung, Zuversicht und Kraft für dein zukünftiges Leben geben?

Ja, das ist möglich! Keff Vidala hatte schlimmen Liebeskummer, doch er kämpfte sich zurück ins Leben und entwickelte auf seinem Weg das System der 5 Räume: darin erklärt er, wie negative Gefühle entstehen und warum eine Trennung von einem geliebten Menschen trotz des Schmerzes manchmal das Beste ist, was dir passieren konnte. In gefühlvollen und poetischen Texten gibt er Ratschläge zum Thema Liebeskummer, depressive Verstimmungen und gewährt emotionale Einblicke in seine Vergangenheit.